차이나 플랫폼이 온다

디지털 패권전쟁의 서막

차이나 플랫폼이 온다

디지털 패권전쟁의 서막

윤재웅 지음

미래의 창

포스트 코로나 시대의 차이나, 플랫폼 제국이 되다

플랫폼이 세상을 휩쓸고 있다. 디지털 기술과 네트워크에 기반해 생산자와 소비자를 연결해주는 플랫폼 비즈니스 모델은 아마존, 구글, 애플, 마이크로소프트, 페이스북 등 미국 테크 자이언트들이 21세기 첨단산업의 주도권을 장악할 수 있었던 비결이다. 이들 기업은 전자상거래, 검색, 클라우드, SNS 등 다양한 영역에서 자신만의 강력한 플랫폼을 구축했고, 인공지능AI, 빅데이터 등 4차 산업혁명 기술을 활용해 더욱 거대한 기업으로 성장하고 있다. 지난 수십 년간 글로벌 시가총액 1위를 차지했던 전통 기업들을 밀어내고 디지털 플랫폼 기업들이 글로벌 시가총액 상위권을 석권하고 있는 것도 이 때문이다. 더욱이 코로나19COVID-19 이후 언택트untact(비대면) 소비가 늘면서 디지털 플랫폼의 영향력은 한층 커졌다.

중국도 예외가 아니다. 아니, 중국은 전 세계 어느 국가보다 디지털 플랫폼 구축에 적극 나서며 산업 지형뿐 아니라 경제 패러다임을 근본적으로 바꾸고 있다. 제조 대국에서 모바일을 기반으로 한 플랫폼 경제로 진화하며 새로운 전기를 맞고 있는 것이다. 이에 구경제

China Platform

old economy를 대표하는 국영기업의 영향력은 눈에 띄게 줄어드는 한편, 디지털 플랫폼에 기반한 혁신기업의 영향력이 급격히 커지고 있고 이를 통해 중국의 경제구조는 수출, 투자에서 내수 서비스업 중심으로 급선회하고 있다. 이러한 전환은 차이나 이노베이션의 종착점이 플랫폼 경제가 아닐까 싶을 정도로 빠르게 진행 중이다.

모방에서 혁신으로, 플랫폼 제국의 탄생

IT 산업의 후발 주자였던 중국 기업은 미국 기업의 비즈니스 모델을 모방하는 데서 시작했지만 이내 방대한 내수 시장과 중국 정부의 인터넷 검열 시스템인 만리방화벽Great Firewall을 활용해 자신만의 플랫폼 제국을 탄생시켰다. 중국 최대 전자상거래 업체인 알리바바는 오프라인 유통망을 해체함으로써 판매자와 소비자가 직접 온라인에서 거래할 수 있게 만들었고, 텐센트腾讯는 슈퍼앱 위챗Wechat을 통해 중국인들의 생활 방식을 근본적으로 바꿔놓았다. 중국 최대 차량 공유 업체인 디디추싱滴滴出行은 90%가 넘는 압도적인 시장점유율을 기반으로 자율주행을 포함한 모빌리티 혁신을 주도하고 있으며, 글로벌 1위 핀테크 기업으로 성장한 앤트파이낸셜蚂蚁金服은 중국을 현금 없는 사회cashless society로 탈바꿈시키고 있다. 또한 바이두百度와 진르터우탸오今日头条는 검색과 뉴스 영역에서, 중국판 넷플릭스인 아이치이iQIYI는 동영상 콘텐츠 부문의 혁신을 가져오고 있으며 메이퇀뎬핑美团点評과 어러머饿了么는 춘추전국시대나 다름없던 배달 앱 시장을 평정하고 온라인과 오프라인을 연계한 서비스 O2OOnline to Offline 시장 성장의 기폭제가 되고 있다. 중국 소비자들은 플랫폼을 통해 쇼핑을 즐기고 차량 호출과 음식 배달 서비스를 이용할 수 있으며, 보험 및 자산운용 서비스를 받고 전기료 등 공공요금을 납부할 수 있다. 또한 운전면허를 갱신하고, 심지어 병원 입원 접수 및 비자 신청도 가능하다. 이처럼 현재 중국에서는 일상생활과 관련된 거의 모든 것들이 플랫폼에서 제공되고 있고, 앞으로 새롭게 만들어질 서비스들 역시 플랫폼 형태를 띨 가능성이 높다. 그야말로 중국이 플랫폼 제국으로 재탄생하고 있는 것이다.

세계경제를 뒤흔들고 있는 미·중 패권전쟁 역시 단순히 관세 문제가 아니라 플랫폼 경쟁이라는 맥락에서 봐야 비로소 큰 그림을 이해할 수 있다. 미국과 중국은 세계경제를 움직이는 첨단기술과 표준을 두고 정면으로 충돌하고 있기 때문이다. 미래의 세계 패권은 결국 첨단기술과 플랫폼의 주도권을 누가 장악할 것인가의 문제다. 플랫폼의 특징인 초연결과 승자독식으로 경쟁의 경계가 사라지고, 지배적인 플랫폼을 보유한 국가로 부의 편중이 심화하는 상황에서 G2 양국은 양보 없는 대결을 펼칠 수밖에 없다. 이러한 플랫폼 경쟁에서 뒤처지면 기존 패권국가는 물론 기술 선도기업도 순식간에 생존을 위협받게 된다. 더욱이 미·중 갈등으로 글로벌 가치사슬Global Value Chain, GVC이 분리된다면 그것은 이미 가치사슬이 구축되어 있는 기존 제조업보다는 인공지능, 5G, 모빌리티 등 혁신 산업과 관련된 플랫폼에서 촉발될 가능성이 높다. 중국 정부와 기업들이 첨단기술에 기반한 초격차를 확보하기 위해 플랫폼 경쟁에 더욱 박차를 가할 것으로 예상되는 이유다.

한국 IT 플랫폼 기업의 미래, 차이나 플랫폼

중국은 이미 전 세계에서 가장 역동적인 디지털 생태계를 구축한 국가다. 9억 명에 육박하는 인터넷 사용자 수는 미국과 유럽을 합친 것보다 많고 이 중 99%가 모바일을 통해 인터넷에 접속한다. 인터넷 사용자의 74%가 도시에 몰려 있으며, 트렌드에 민감하고 스마트폰을 자유자재로 다루는 바링허우(1980년대) 이후 세대 유저만 4억 명이 넘는다. 2018년 기준으로 중국의 사물인터넷IoT 관련 데이터 생산량은 1억 5,200만 테라바이트TB로 미국(6,900만TB)보다 2.2배 많다. 베이징에 거주하는 밀레니얼 세대 직장인 한 명의 디지털 플랫폼 의존도는 뉴욕, 런던, 파리 등 다른 글로벌 도시에 사는 사람들에 비해 압도적으로 높다. 이들 세대는 신기술에 빠르게 적응할 뿐만 아니라 서비스가 편리하고 재밌다고 느끼면 적극적으로 사용한다. 새로운 서비스가 끊임없이 시도되고 혁신적인 비즈니스 모델과 서비스가 창출될 수 있는 최적의 환경이 갖춰진 것이다.

이러한 변화를 주도하는 것은 초대형 IT 기업들이다. 알리바바

阿里巴巴는 전자상거래를 넘어 금융 결제, 물류, 클라우드, 신유통, AI 반도체 등 전방위로 사업 영역을 확대하고 있으며, 텐센트의 위챗은 중국인들의 삶을 모두 디지털화하며 중국이라는 거대한 경제 시스템의 운영체계가 되고 있다. 더욱이 초대형 IT 기업들이 자신이 보유한 모바일결제, 클라우드 인프라를 다른 혁신 스타트업에 제공함으로써 또 다른 플랫폼의 성장에 크게 기여하고 있다. 이들 플랫폼을 통해 생성된 빅데이터는 초연결, 초지능을 특징으로 하는 4차 산업혁명의 토대가 되며, 플랫폼 경쟁력의 핵심인 효율성과 편의성을 크게 향상시켰고, 중국이 인공지능 분야에서 미국과 어깨를 견줄 정도로 급성장한 배경으로 작용했다.

차이나 플랫폼은 더 이상 중국 내수 시장에 머무르지 않고 글로벌 시장에서도 괄목할 만한 성과를 거두고 있다. 차이나 파워는 제조업 기반의 하드웨어 부문을 넘어 플랫폼과 같은 IT 서비스 부문으로 확장 중이다. 15초 동영상 공유 앱인 틱톡TikTok으로 전 세계 돌풍을 일으키고 있는 바이트댄스ByteDance가 대표적이다. 'BAT(바이두, 알리바바, 텐센트)'로 대변되는 중국 1세대 IT 기업들이 미국 기업을 모방한 뒤 거대한 내수 시장을 기반으로 몸집을 키웠다면, 바이트댄스와 같은 2세대 IT 기업들은 실리콘밸리에도 없는 중국 특유의 비즈니스 모델과 서비스를 바탕으로 설립 초기부터 글로벌 시장 공략에 나섰다. 2016년에 출시된 틱톡은 바이트댄스가 세계 최대 유니콘(기업가치가 10억 달러 이상인 비상장기업)으로 도약하는 데 기여한 일등 공신으로, 150개국에서 75개 언어로 서비스되고 있다. 전 세계 이용자 수가 20억 명을 돌파해 유튜브의 아성을 넘보고 있으며, 미국에서만 1억 2,000만 건이 넘는 다운로드 수를 기록했다. 이에 미국《뉴욕타임스》는 '틱톡에 의해 디지털 철의 장막이 거둬지고 있다'며 '처음으로 미국인들이 중국 SNS 플랫폼의 영향을 받는 세상에 살고 있다'고 평가했다.

중국 플랫폼 기업들이 세계 무대에서 활약하고 있다는 것은 이제 글로벌 기업들에 뒤지지 않을 만큼 경쟁력을 갖췄다는 것을 의미한다. 그것도 제조업이 아니라 중국의 약점이라고 여겨졌던 IT 서비스 부문에서 말이다. 심지어 최근에는 중국의 플랫폼 경쟁력이 업계 트렌드를 선도하는 수준에 이르면서 글로벌 기업들이 중국 기업을 벤치마킹 모델로 삼는 사례가 늘고 있다.

페이스북이 위챗의 전략을 따라 단순한 메신저를 넘어 쇼핑, 결제, 게임 등을 통합한 슈퍼앱을 지향하고 있다는 것은 이미 잘 알려진 사실이다. 아마존이 알리바바에서 흥행한 생방송 쇼핑 서비스를 도입하고, 인스타그램과 유튜브 등이 소셜커머스(SNS와 전자상거래의 결합)로 진화하기 위해 쇼핑 기능을 추가한 것도 같은 맥락이다. 오토바이 승차 공유 서비스로 시작한 인도네시아 최대 스타트업인 고젝Gojek이 결제, 음식 배달 등 18개 서비스로 영역을 확장한 것은 고젝의 주주인 메이퇀뎬핑의 영향이 컸고, 인스타그램이 15초 동영상 공유 서비스인 릴Reels을 출시한 것도 틱톡에 대응하기 위해서다.

국내 IT 업계 양대 산맥인 네이버와 카카오도 마찬가지다. 네이버의 핀테크 선봉인 네이버 파이낸셜은 앤트파이낸셜을 롤모델로 삼고 있으며, 한때 위챗의 롤모델이었던 카카오는 이제 위챗의 슈퍼

앱 전략을 좇아 핀테크, 쇼핑, 모빌리티 등으로 사업 영역을 확장하고 있다. 앤트파이낸셜이 운영하는 알리페이 앱이나 위챗 앱을 보면 한국 IT 플랫폼 기업의 미래를 볼 수 있다고 해도 과언이 아니다.

디지털 플랫폼의 무한 확장 속 대중국 전략

이런 상황에서 이제 중국 시장은 한국 기업의 무덤이 되고 있다. 지금까지 한국 제조업은 제조 대국으로 성장하는 중국을 OEM(주문자 상표 부착 생산) 공장으로 활용하면서 중국 보너스 시대를 누려왔다. 하지만 중국이 세계의 시장으로 거듭나고 생산부터 유통, 소비에 이르기까지 모바일에 기반한 플랫폼 경제로 전환한 이후 들려오는 소식은 암울하다. 삼성전자, 현대차를 비롯한 제조업체들은 고전을 면치 못하고 있으며, 이마트, 롯데마트 등 유통 기업들은 중국에서 줄줄이 퇴출됐다. 한류를 앞세워 한때 중국 시장에서 크게 선전했던 화장품과 음식료의 인기도 예전만 못하다. 일각에서는 사드 보복을 일차적인 원인으로 지목하지만, 실제로는 중국 시장의 변화와 소비자 트렌트에 제대로 대응하지 못한 영향이 더 크다. 중국 유통 시장이 모바일에 기반한 플랫폼 비즈니스로 완전히 재편되는 현실을 등한시했던 것이다. 중국이 전자상거래, 핀테크, O2O, 모빌리티 등 다양한 플랫폼의 천국이 된 상황에서 중국의 플랫폼에 올라타지 않으면 한국의 미래 먹거리인 중국 내수 시장은 남의 나라 이야기가 될 가능성이 높다.

더욱 중요한 점은 차이나 플랫폼이 해외 진출을 가시화하며 국내 시장을 위협하고 있다는 것이다. 국내 기업들이 플랫폼 장벽에 가로막혀 중국 시장에서 어려움을 겪는 것과 대조적이다. 틱톡은 밀레니얼 세대를 중심으로 선풍적인 인기를 끌고 있으며, 알리페이, 위챗페이 등 결제 플랫폼도 중국인 관광객(유커)의 편의를 위해서뿐만 아니라 국내 소비자를 공략하기 위해 가맹점을 대폭 늘리고 있다. 해외직구가 일상화되면서 알리바바를 통해 물건을 사는 국내 소비자 수도 빠르게 늘고 있다. 가격경쟁력과 물류 혁신을 통해 고객 접근성과 편의성을 크게 높였기 때문이다. 지금은 이마트 등 오프라인 유통업체가 쿠팡을 상대로 고전하고 있지만, 머지않아 알리바바를 두려워해야 하는 날이 올 수 있다. 중국 최대 차량 공유 업체인 디디추싱도 한국 진출을 서두르고 있다. 한국은 디디추싱 서비스에 익숙한 중국인 관광객 수요가 탄탄한 데다 국내 플랫폼 업체의 경우 각종 규제로 경쟁력이 낮기 때문이다. 더욱이 IT 적응력이 높은 한국은 그들에게 놓칠 수 없는 중요한 시장이다.

최근 발생한 코로나19 사태로 중국 경제를 회의적으로 바라보는 시선이 많아졌지만, 이를 계기로 중국인들의 생활 패턴이 변하고 새로운 산업 트렌드가 만들어졌다는 사실 역시 간과해서는 안 된다. 단적인 예로 언택트 소비가 늘어나면서 전자상거래가 크게 활성화됐고, 재택근무와 온라인 강의 수요가 늘어나면서 업무용 SNS와 온라인 교육 플랫폼 사용도 급증했다. 또한 원격진료의 필요성이 커지면서 온라인 의료 플랫폼이 특수를 맞았으며, 인공지능과 로봇 등을 활용한 무인 배송(자율주행)에 대한 관심과 투자가 크게 늘었다. 즉 이번 사태로 생산 공장과 오프라인 유통 부문이 큰 타격을 입었지만,

반대로 중국 경제에서 디지털 플랫폼의 중요성은 더욱 커졌다고 할 수 있다.

이 책을 쓰게 된 이유도 중국을 넘어 세계를 변화시키고 있는 차이나 플랫폼의 특징이 무엇이고 어떻게 지금의 위치에 올라섰으며, 우리에게 어떤 영향을 미칠지 살펴보기 위해서다. 코로나19 사태 이후 크게 변화할 중국 경제를 제대로 이해하기 위해서도 차이나 플랫폼에 대한 이해는 필수다. 많은 이들이 중국을 잘 안다고 생각하지만 실제로는 잘 알지 못한다. 중국이라고 하면 일단 무시하거나 과거의 눈으로 중국을 바라보기 때문이다. 그나마 접하는 중국에 대한 소식도 대부분 영미권 언론 프레임에 의해 걸러진 것이기 때문에 중국을 있는 그대로 보는 데 걸림돌이 되는 경우가 많다. 더욱이 플랫폼, 인공지능, 자율주행 등 현재 중국이 앞서가고 있는 분야는 자동차, 철강, 디스플레이 등과 달리 우리가 한 번도 잘해본 적 없는 분야여서 사실상 중국이 이룬 혁신의 내용과 파급력을 제대로 파악하기 어렵다. 한마디로 중국의 혁신에 거대한 사각지대가 존재하는 것이다.

중국이 싫든 좋든 차이나 플랫폼을 이해하지 않고서는 중국의 현재와 미래를 가늠할 수 없고, 우리가 제2의 중국 보너스 시대를 맞이하기 위한 대중국 전략을 구상하기 어렵다.

진화하는 중국 경제, 한국 경제는 어디로 향하는가

이번 책은 중국 경제에 관한 필자의 세 번째 책이다. 2012년에 쓴 《슈퍼 차이나의 미래》에서 중국 경제의 양적 성장과 그 파급력에 대해 다뤘다면 2017년에 쓴 《차이나 이노베이션》은 첨단기술로 무장한 중국의 질적인 혁신을 집중적으로 파헤쳤다. 모두 중국 경제가 중대한 전환점에 서 있었던 시기에 나온 책이다. 이러한 맥락에서 2020년 역시 매우 중요한 해라고 할 수 있다. 중국 경제의 양적 성장과 질적 혁신이 결합해 본격적으로 플랫폼 제국이라는 형태로 진화를 꾀하고 있기 때문이다. 바로 이러한 내용을 여기에서 다루고 있다. 이 책이 차이나 플랫폼을 이해하고 한국 경제의 미래를 대비하려는 독자들에게 조금이나마 도움이 됐으면 한다.

끝으로 이 책을 쓰는 과정에서 아낌없는 성원을 보내주신 선대인 소장님께 감사드린다. 그리고 늘 즐거운 대화 속에서 새로운 아이디어를 샘솟게 하는 사랑하는 아내 최수진과 의젓하고 멋지게 자라고 있는 아들 의찬이, 귀엽고 애교 많은 딸 하나에게 고마운 마음을 전한다. 아울러 매번 원고를 검토하고 유익한 조언을 해준 형 윤재원에게 감사의 말을 전한다.

contents

Chapter 3

플랫폼이 이끄는 혁신 패러다임

Chapter 4

차이나 플랫폼, 세계로 나아가다

Chapter

1

미국과 중국,
플랫폼 전쟁에서 만나다

hina Platform

01

21세기판 투키디데스 함정

★ 글로벌 패권 경쟁의 서막

투키디데스 함정Thucydidies' Trap이 현실화하고 있다. 고대 그리스 역사가 투키디데스는 기원전 5세기 아테네와 스파르타의 전쟁을 기록한 《펠로폰네소스 전쟁사》에서 신흥 강대국이 세력을 확장하면 기존 패권국이 두려움을 느끼게 되고, 이것이 양국 간 전쟁으로 이어진다고 결론지었다. 투키디데스 함정이란 용어의 유래다. 미국의 저명한 정치학자 그레이엄 앨리슨Graham T. Allison은 《예정된 전쟁Destined For War》에서 지난 500년간 부상하는 신흥 세력이 헤게모니를 쥔 지배 세력을 위협했던 사례가 16번 있었으며 그중 12번은 전쟁으로 이어졌다고 분석한 바 있다. 신흥 강대국이 기존 패권국을 대체할 만큼 위협적으로 부상할 경우 무력 충돌로 귀결되는 것은 예외적인 현상이 아니라 법칙에 가깝다는 것이다.

21세기판 투키디데스 함정은 미국과 중국의 패권 경쟁이다. 기존 질서를 지키려는 미국과 새로운 질서를 만들려는 중국 사이의 힘겨루기가 갈수록 첨예해지고 있다. 향후 수십 년간 지속될 패권 경쟁의 서막이라 할 수 있는 무역 분쟁의 방아쇠를 먼저 당긴 것은 미국이다. 미국 우선주의American First를 내세운 도널드 트럼프 대통령은 2018년 3월 무역법 301조에 의거해 중국산 제품에 대한 관세 부과, 세계무역기구WTO 제소, 중국의 대미 투자 제한 등을 골자로 하는 행정명령에 서명하며 본격적으로 중국을 압박했다. 미국은 대중국 제재를 무역 분야에 국한하지 않았다. 특히 중국 최대 IT 기업인 화웨이에 대한 제재는 미·중 갈등이 단순한 관세 보복이 아니라 글로벌 경제 주도권을 둘러싼 첨단기술 전쟁임을 보여준다. 그뿐만 아니라 미국은 중국의 국가자본주의 시스템 자체를 문제 삼으며, 기술 이전 강요, 지식재산권Intellectual Property 침해, 산업보조금 지급 등 각종 불공정 관행의 시정을 요구했다.

미국의 공세에 중국도 강경하게 맞섰다. 중국 시진핑 정부는 공산당 창당 100년(2021년)과 중국 해방 100년(2049년)을 의미하는 '두 개의 100년'을 앞두고 있다. 미국에 굴복하는 모습을 결코 보일 수 없는 상황이다. 절대 권력을 쥔 황제를 꿈꾸는 시진핑 국가주석 입장에서 미국의 공세에 어떻게 응전하는지가 그의 정치적 운명을 결정할 만큼 중요한 사안이기 때문이다. 실제로 미국이 다양한 수단

▌미국의 대중국 평균 관세율 추이

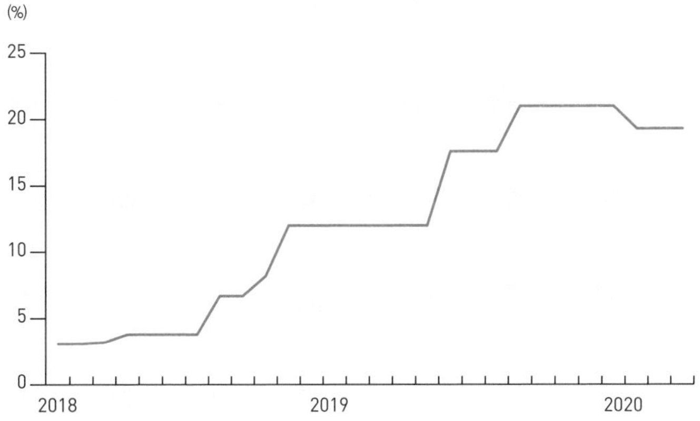

출처: 피터슨국제경제연구소

으로 압박하자 중국 역시 보복 관세와 수입 금지 조치로 맞대응하며 양국 간 긴장이 고조됐다. 2020년 1월, 미국과 중국이 1단계 무역 합의에 공식 서명하면서 파국으로 치닫던 양국의 갈등이 잠시 소강상태에 접어들었지만, 이것으로 사태가 끝났다고 보기는 어렵다. 미·중 간 갈등은 단순히 무역 문제가 아닌 이보다 더 큰 기술 패권 장악과 지정학적 경쟁, 그리고 서로 다른 이데올로기에 의해 움직이고 있기 때문이다. 이번 합의는 중국의 경기 하강 압력을 완화하고 미국 팜 벨트(중서부 농업지대) 등 핵심 지지층을 결집하려는 트럼프 대통령과 장기 집권을 하기 위해 2021년까지 전면적 샤오캉小康 사회(모든 국민의 의식주가 윤택한 사회)를 건설하려는 시진핑 주석의 이해관계가 맞아떨어졌기 때문에 이루어진 것이었다. 하지만 미국의 대중 관세율이 2020년 5월 기준 19.3%로 미·중 무역 전쟁이 터지기 전인 2018년 초 3% 수준에 비해 여전히 높고, 2단계 합의에선 산업 정책과 보조금 등 중국 정부가 양보하기 어려운 문제들이 다뤄질 것으로 예상된다는 점에서 갈등의 불씨는 여전히 남아 있다고 할 수 있다.

★ 차이메리카의 해체

이 모든 것의 배후에는 도전국인 중국과 패권국인 미국의 국력 차가 빠르게 좁아지고 있다는 사실이 자리 잡고 있다. 미국은 지금까지 중국과 같은 동급 경쟁자를 대면해본 적이 없다. 냉전의 라이벌이었던 소련조차 경제적인 측면에서는 미국의 상대가 되지 않았다. 하지만 중국은 세계 2위의 경제 대국이자 세계 최대 무역 대국이며 세계 최대 외환 보유국이기도 하다. 또한 1980년대 미국에 도전장을 내민 일본과 달리 중국은 미국이 구축한 글로벌 안보 체제의 일원이 아니며, 첨단 과학기술을 국가의 비전과 발전 전략에 통합시킨 몇 안 되는 국가 중 하나다. 화웨이가 일격을 당하자 여전히 핵심 부품을 미국에 의존하고 있는 중국 IT 산업의 한계점이 부각되기도 했지만, 뒤집어보면 이는 그만큼 중국의 기술력이 미국을 위협할 만큼 성장했음을 반증하는 것이다. 실제로 미국 경제지 《포춘Fortune》이 발표한 '2019년 글로벌 500대 기업' 가운데 중국 기업 수는 129개로 미국 기업 수(121개)보다 많았다. 중국 기업 수가 미국 기업 수를 넘어선 것은 이번이 처음이다. 무엇보다 2001년 WTO에 가입할 때만 해도 미국 경제의 11%에 불과했던 중국의 경제 규모는 이제 미국의 3분의 2 수준까지 올라왔다. 지금과 같은 추세라면 오는 2030년경에는 중국의 경제 규모가 미국과 어깨를 견줄 만큼 커질 것으로 예상된다. 이렇게 볼 때 미국의 고율 관세 부과로 시작된 무역 전쟁은 단순히 중국에 대한 만성적인 무역적자를 줄이려는 목적이 아니라 글로벌 권력 지형 속에서 중국의 위치를 재정립하려는 미국의 의지를 보여주는 것이라고 할 수 있다.

사실 중국이 이처럼 빠르게 성장할 수 있었던 데는 미국의 역할이 컸다. 미국은 중국을 자신이 주도하는 글로벌 질서에 적극 편입시켰다. 2001년 중국의 WTO 가입을 지지한 것은 중국이 시장경제 메커니즘을 받아들이고 정치적 민주화를 이루게 하기 위해서였다. 중국이 글로벌 무역 체제에 편입되면 더 개방적이고 관대한 사회가 될 것으로 기대했기 때문이다. 실제로 미국은 중국에 대규모 자본을 투자했고, 경제발전과 금융개혁 등에 대한 각종 자문과 지원을 제공했다. 이에 WTO 가입 이후 중국은 세계 최대의 제조업 국가로 부상하며 수출 대국인 독일과 일본을 넘어섰고, 글로벌 경제에서 차지하는 비중도 크게 높아졌다. 그리고 이 과정에서 중국이 약속했던 수많은 개혁 개방 조치들은 미국을 비롯한 서방 국가들로 하여금 중국이 시장경제 체제로 전환할 것이라는 환상을 갖게 만들었다.

미국과 중국의 경제적 공생관계를 의미하는 차이메리카Chimerica라는 신조어가 등장한 것도 이러한 배경에서다. 2006년 경제사학자인 니얼 퍼거슨Niall Ferguson이 미국과 중국의 경제적 상호 의존 관계를 표현하기 위해 만든 용어 차이메리카는 차이나China와 아메리카America의 합성어로 패권국인 미국과 신흥 강국인 중국이 각각 세계경제의 소비와 생산을 담당하며 서로 이익을 누리는 윈윈win-win 구조를 형성했음을 나타낸다. 즉 중국은 풍부한 노동력으로 생산한 저렴한 생필품을 해외에 수출하는 '세계의 공장' 역할을, 미국은 쏟아져 들어오는 중국산 제품을 받아줄 '거대한 시장' 역할을 했다. 나아가 미국과 중국은 서로에게 필요한 것을 충족시키는 상호 의존적인 관계를 형성했다. 미국은 중국이 대미 무역 흑자로 벌어들인 돈으로 미국 국채를 사들이면서 대규모 재정 적자를 메울 수 있었고, 값싼 중국산 수입품 덕에 인플레이션 걱정 없이 장기간 호황을 누릴 수 있었다. 중국이 얻은 반대급부도 컸다. 수출 기업이 밀집된 동부 연안 지역을 중심으로 투자와 성장의 혜택이 몰렸고, 중국은 이를 마중물로 삼아 자본주의 역사상 유례없는 경제발전과 일자리 창출을 달성했다. 그리고 이 과정에서 한국과 대만 등 수출 지향적 국가들이 미국과 중국이 구축한 글로벌 가치사슬에 적극 편입하며 엄청난 경제적 혜택을 입었다.

하지만 이제 차이메리카는 과거의 유물이 되어버렸다. 트럼프 정부가 촉발한 미·중 무역 분쟁은 양국 관계가 더 이상 윈윈 구조가 아닌 한쪽이 이기면 다른 한쪽이 지는 제로섬zero-sum 게임으로 바뀌고 있음을 보여주는 단적인 예다. 미국 입장에서는 중국을 제재할 만한 이유가 있었다. 중국이 WTO 가입 이후 국제무역 체제 편입과 외국인 투자 등 막대한 혜택을 입었음에도 불구하고 이행해야 할 약속들을 지키지 않은 채 글로벌 경제 시스템에 무임승차하는 모습을 미국은 방관하기 어려웠다. 게다가 시간이 지날수록 중국 정부가 미국이 원하는 방향으로 바뀔 생각이 없음이 명백해졌다. 중국이 표방하는 사회주의 시장경제는 국가 자본주의의 또 다른 이름에 불과했고, 공산당 일당독재는 완화되기는커녕 시진핑 정부가 들어선 이후 더욱 강화됐다. 인터넷이 정치 개혁의 도구로 활용될 것이라는 기대 역시 빗나갔다. 이에 미국 내에서도 중국이 공정한 무역을 위한 시장개방을 하지 않고 있으며, 세계를 장악하기 위해 미국을 이용하고 있다는 목소리가 힘을 얻었다. 트럼프 정부 내 대중 강경파인 로버트 라이트하이저Robert Lighthizer가 이끄는 미 무역대표부USTR는 보고서를 통해 '2001년 중국의 WTO 가입을 허용한 것은 실수였다'고 규정하며 '중국이 시장 지향적 무역 체제를 받아들이게 하는 데 효과적이지 않았다'고 결론지은 바 있다.

이에 미국은 글로벌 자유무역의 수호자라는 전통적 역할을 내팽개치고 보호무역주의로 급선회하고 있다. 트럼프 정부는 아시아·태평양 지역을 아우르는 세계 최대의 무역협정인 환태평양경제동반자협정TPP에서 탈퇴했고, 북미 경제권의 기존 틀이었던 북미자유무역협정NAFTA을 폐기했다. 또한 중국의 부상을 가능케 했던 다자간무역협상 체제의 상징인 WTO를 무력화하기 위해 다양한 압박 수단을 동원하고 있다. 지난 수십 년간 세계경제의 번영과 발전을 이끌어온 자유무역 체제가 퇴조하고 있는 것이다.

이를 고려할 때 미국이 강경한 태도로 나오는 것은 단순히 트럼프라는 독특한 인물 탓이 아니라 지금 중국을 꺾지 않으면 패권적 지위를 더 이상 유지할 수 없다는 절박감 때문이다. 다시 말해 트럼프는 미국의 상대적 쇠퇴가 낳은 결과물이지, 그것을 야기한 원인이 아니라는 뜻이다. 미국의 보수, 진보세력뿐 아니라 주류 언론들도 중국을 이대로 놔둘 수는 없다는 강력한 컨센서스가 형성되어 있다. 물론 중국산 제품에 높은 관세를 부과하면 미국 기업들도 적지 않은 피해를 입게 되고 수입물가가 상승하는 등 부작용도 나타난다. 하지만 중장기적으로 보면 대중국 압박이 미국의 국익에 부합한다는 본능적 확신이 미국 사회 저변에 깊게 깔려 있다.

더욱이 시진핑 주석이 이끄는 중국의 야심 찬 행보는 미국의 경계심을 더욱 자극했다. 2012년에 집권한 시진핑은 은밀하게 힘을 키우라는 덩샤오핑鄧小平의 '자신을 드러내지 않고 때를 기다리며 실력을 기르는' 도광양회韬光养晦 전략을 벗어던지고 '중화 민족의 위대한 부흥'이라는 중국몽中国梦(세계의 중심에 섰던 과거 중국의 영광을 21세기에 되찾겠다는 비전)을 전면에 내세웠다. 또한 급속히 커지는 경제력을 군사 외교 분야로 투사하면서 세계 최강국의 야망을 숨기지 않고 있다. 동시에 첨단 제조업을 육성하기 위한 '중국제조 2025(제조업 활성화를 목표로 하는 산업고도화 전략)', 글로벌 영향력을 확대하기 위한 '일대일로一带一路(육상 및 해상 실크로드) 사업', 달러화 패권에 도전하는 '위안화 국제화' 등 초대형 프로젝트들을 추진하면서 자국의 높아진 위상을 과시하고 있다. 무엇보다 국가주석의 임기 제한을 철폐하고 검열 시스템을 강화하면서 중국의 경제적 번영과 정치적 민주화가 함께 이루어질 것으로 예상했던 미국의 기대는 물거품이 됐다. 이렇게 볼 때 미국의 대중 압박 기조는 앞으로도 상당 기간 지속될 것으로 예상된다. 미국을 위협하는 중국을 견제해야 한다는 초당적인 합의가 있고 이에 대한 여론의 지지도 높기 때문이다.

더욱이 지금 벌어지고 있는 미·중 갈등은 21세기판 냉전의 서막에 불과할 가능성이 크다. 미국은 시장경제 국가들이 힘을 모아 중국을 글로벌 공급사슬에서 배제시켜야 한다고 주장하고 있으며, 중국 역시 우방국들을 블록화하려는 움직임을 보이고 있다. 미·중 갈등이 단순한 무역 보복을 넘어 '시장경제 동맹' 대 '국가자본주의 동맹' 간의 체제 경쟁으로 확전되고 있는 것이다. 경제력을 포함한 종합 국력 면에서 미국의 우위가 분명한 지금도 중국과의 힘겨루기가 녹록지 않은데 향후 중국의 굴기로 양국의 격차가 더욱 줄어들면 G2 패권 경쟁이 초래하는 파열음과 균열은 지난 세기에 형성됐던 글로벌 권력 지형을 송두리째 뒤바꿀 만큼 강력할 것으로 전망된다.

02

중국,
미국의 디지털 패권에 도전하다

★ 글로벌 최강국을 향한 기술 냉전

2020년 1월에 이루어진 미국과 중국의 1단계 무역 합의가 향후 미국의 대중 무역 제재 약화로 이어질 것으로 예상한다면 이는 오산이다. 미·중 갈등은 단순히 무역 불균형에 국한된 문제가 아니라 국가 안보가 걸린 기술 패권 경쟁에서 비롯된 것이기 때문이다. 즉 4차 산업혁명 기반의 경제 대국으로 부상하려는 중국과 이를 저지해 기존의 패권국 지위를 유지하려는 미국의 격돌이 이번 사태의 본질이다. 따라서 미·중 양국의 정치·경제적인 상황에 따라 무역 분쟁이 잠시 소강상태에 접어들 수는 있겠지만, 21세기 글로벌 패권을 놓고 벌이는 기술 경쟁은 더욱 치열해질 가능성이 높다. 미국은 화웨이를 비롯한 중국의 첨단 IT 기업에 대한 제재를 지속하는 동시에 중국의 기술 굴기를 가능케 한 산업정책 및 불법 보조금 지급, 지식재산권 위반행위는 물론 경제 시스템 자체를 뜯어고치기 위한 압박을 강화할 것이다. 그리고 이에 대한 중국의 저항과 도전도 만만치 않을 것이다. 첨단산업 육성과 기술혁신을 위해 더욱 과감한 정책을 펼치며 미국의 견제를 돌파하려 할 것이다. 중국은 현재 인공지능, 5G, 빅데이터 등과 같은 분야에서 미국을 위협할 정도의 경쟁력을 갖췄고 일부 영역에서는 미국을 이미 추월한 상태다. 미·중 갈등을 글로벌 최강국을 향한 기술 냉전Tech Cold War으로 평가하는 이유다. 게다가 이러한 갈등은 물리적인 전쟁과 같이 승자를 명확하게 가리기 어려운 만큼 길고 긴 싸움이 예상된다.

지금껏 기술 초격차를 유지하며 중국의 부상을 관망해왔던 미국이 본격적으로 중국 때리기에 나선 것은 그만큼 중국의 기술 진보가 무서운 속도로 진행되고 있기 때문이다. 미국은 무역 전쟁을 계기로 21세기 패권을 좌우할 첨단산업 분야에서 중국의 추격을 저지하는 데 총력을 기울이고 있다. 특히 이러한 미·중 기술 경쟁의 최전선에 '중국제조 2025'가 있다. 독일의 '인더스트리 4.0'을 벤치마킹한 중국제조 2025는 리커창 총리가 2015년에 제시한 산업고도화 정책으로 중국이 2025년까지 일본과 독일 수준의 제조 강국 대열에 진입하고 2045년에는 미국을 추월해 세계 최고 수준의 제조업 강국이 되는 것을 목표로 삼고 있다.

중국제조 2025에 선정된 10대 중점 분야에는 반도체, 5G가 포함된 차세대 IT, 로봇, 항공, 우주 장비에서부터 전기차, 바이오, 신소재에 이르기까지 미래 첨단산업이 총망라되어 있다. 저부가가치 제조업에서 벗어나 첨단기술 강국으로 도약하려는 중국 정부의 의지가 반영된 결과다. 중국제조 2025는 이미 가시적인 성과를 거두고 있다. 단적인 예로 정부의 강력하고 일관된 전기차 육성책에 힘입어 중국은 세계 최대 전기차 시장이 됐으며, 중국 최대 전기차 업체인 BYD와 세계 최대 전기차 배터리 업체인 CATL을 필두로 양적·질적 성장을 거듭하고 있다. 차세대 통신 기술인 5G 분야에서도 화웨이와 ZTE를 앞세운 중국이 세계 시장점유율 1위를 차지하고 있으며, 고속철도, 우주 항공 분야에서도 글로벌 강국으로 떠올랐다.

이에 미국의 대중 무역 제재도 중국제조 2025를 정조준하고 있다. 미국은 무역 분쟁 초기인 2018년 4월에 중국산 제품 1,300개 품목에 25%의 고율 관세를 부과했는데, 이 중 대부분이 중국제조 2025 계획과 관련된 제품이었다. 나아가 기술 탈취를 조장하고 불법 보조금을 지급하는 등 불공정한 방식으로 첨단산업을 육성한다는 점을 지적하며 중국제조 2025를 원천적으로 무력화시키기 위한 압박을 지속하고 있다. 이에 중국은 정부 공식 문서에서 '중국제조 2025'라는 표현을 삭제하는 등 미국의 경계심을 누그러뜨리기 위한 조치를 취했다. 하지만 중국제조 2025가 사라졌다고 해서 첨단 제조업을 육성하기 위한 중국의 산업정책이 없어진 것은 결코 아니다. 실제로 중국 정부는 차세대 IT, 바이오, 전기차 등 중국제조 2025의 핵심 부문들을 육성해야 할 전략적 신흥산업 목록에 포함시켰고, 중국

▎국가별 중국제조 2025 리스크 노출도(단위%)

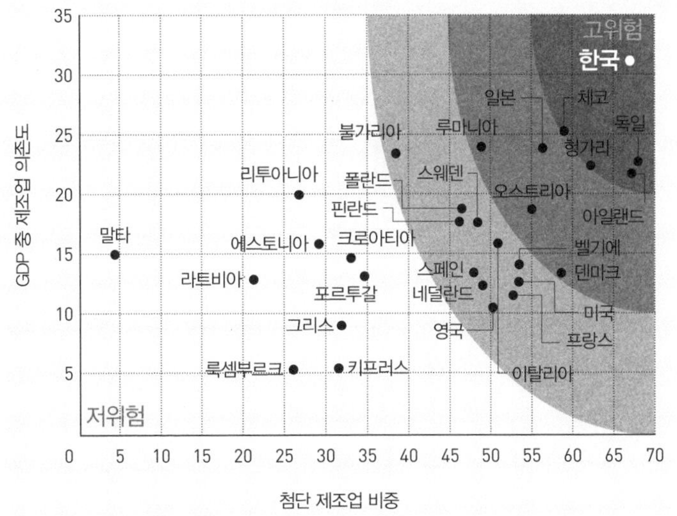

출처: MERICS The Mercator Institute for China Studies

독일의 '인더스트리 4.0'을 벤치마킹한 중국제조 2025는 리커창 총리가 2015년에 제시한 산업고도화 정책으로 중국이 2025년까지 일본과 독일 수준의 제조 강국 대열에 진입하고 2045년에는 미국을 추월해 세계 최고 수준의 제조업 강국이 되는 것을 목표로 삼고 있다.

제조 2025와 관련된 과학기술 관련 예산도 크게 늘렸다. 겉으로는 미국의 요구를 받아들이는 모습을 보이면서도 첨단 제조업 육성을 위한 산업정책을 지속하겠다는 의도를 드러낸 것이다.

이 같은 움직임을 가장 주시해야 하는 국가는 다름 아닌 한국이다. 중국과 상당수 주력산업이 겹치고 대중 수출이 전체 수출의 25%를 차지하고 있어 중국의 성장 동력 전환과 산업 경쟁력 강화에 다른 어떤 국가들보다 큰 타격을 입을 수밖에 없기 때문이다. 독일 싱크탱크인 메릭스MERICS가 중국제조 2025로 가장 큰 피해를 입게 될 국가로 한국을 꼽은 것도 이 때문이다. 지금까지 한국은 중국의 기술 혁신과 산업구조 고도화에 제대로 대응하지 못했고, 그 결과 2000년대 초반부터 철강, 석유화학, 자동차, 스마트폰, 디스플레이 등 국내 주력산업이 차례대로 중국에 추월당했다. 기술 경쟁에서 이기기 위한 과감한 산업정책과 함께 중국과 서로 윈윈할 수 있는 새로운 분업 체계를 구축하지 않는다면 머지않은 미래에 한국의 제조업 경쟁력이 크게 쇠퇴할 수 있다.

★ 디커플링되는 G2경제

미국은 중국의 추격을 저지하는 것을 넘어 미국을 비롯한 서방세계를 중국과 디커플링decoupling(상호 의존 탈피)하려는 움직임마저 보이고 있다. 첨단기술 및 인재의 근원지이자 중국의 최대 수출 시장인 미국

만리방화벽은 중국의 인터넷 검열 시스템이다. 중국은 이를 통해 해외 콘텐츠를 차단했을 뿐만 아니라 사이버 주권과 네트워크 인프라를 더욱 강력하게 보호하고자 2016년 사이버 보안법을 통과시켰다.

에 대한 접근을 원천적으로 차단하겠다는 것이다. 중국산 제품 관세를 높이고 지식재산권을 침해한 중국 기업을 강력하게 제재하는 한편, 미국 기술 기업에 대한 중국의 투자를 제한하는 것도 이러한 맥락에서다. 실제로 이 같은 조치는 가뜩이나 인건비 상승으로 중국의 제조업 경쟁력이 하락하고 있는 상황에서 중국에 생산기지를 뒀던 기업들의 탈중국화China Exit를 가속화시키는 요인으로 작용하고 있다. 나아가 미국은 북미, 유럽, 아시아의 동맹국들과 높은 수준의 무역·투자 협정을 체결하면서 중국을 위시한 비시장경제국non-market economy의 참여를 배제하고 있다. NAFTA를 대체한 새로운 자유무역협정인

USMCA(미국·멕시코·캐나다 협정)를 통해 멕시코, 캐나다 등 다른 회원국이 중국과 자유무역협정을 체결하지 못하도록 한 것이 단적인 예다. 개혁 개방 이후 중국의 비약적인 발전을 가능하게 했던 자유무역 체제에서 중국을 떼어내고 새로운 글로벌 가치사슬을 재구성하겠다는 것이다.

이러한 양국 경제의 분절 현상은 제조업에 국한하지 않고 디지털 영역으로도 확산하고 있다. 4차 산업혁명으로 경제 패러다임이 급변하는 상황에서 디지털 패권 경쟁에서 밀릴 경우 미래 먹거리와 일자리를 빼앗길 수 있다는 불안과 공포 때문이다. 중국은 인터넷 검열 시스템인 만리방화벽Great Firewall을 통해 해외 콘텐츠를 차단한 데 이어, 2016년에는 '사이버 보안법'을 통과시켜 사이버 주권과 네트워크 인프라에 대한 보호를 강화했다. 에릭 슈미트Eric Emerson Schmidt 구글 전 CEO는 '앞으로 10년 안에 세계는 미국과 중국이 주도하는 두 개의 인터넷으로 분리될 것'이라고 전망한 바 있다. 디지털 보호주의를 내건 중국이 뛰어난 제품 및 서비스 경쟁력을 바탕으로 영향력을 확대하고 있다는 이유에서다. 이처럼 중국이 상품과 서비스에 이어 데이터 흐름에도 제약을 가하면서 스플린터넷Splinternet에 대한 우려가 커지고 있다. 파편을 뜻하는 스플린터splinter와 인터넷internet의 합성어인 스플린터넷은 인터넷이 국가별 또는 권역별 단위로 분할되는 현상을 의미한다.

중국 정부가 21세기판 실크로드를 개척하기 위해 추진 중인 '일대일로 프로젝트'는 이 같은 전망과 우려가 충분히 현실이 될 수

▎중국의 육상 및 해상 실크로드 일대일로

있음을 단적으로 보여준다. 잘 알려져 있듯이 일대일로는 시진핑 주석이 2013년부터 의욕적으로 추진하고 있는 국가전략 사업으로 중앙아시아와 유럽을 연결하는 육상 실크로드와 동남아시아와 유럽, 아프리카를 연결하는 해상 실크로드를 복원하려는 대규모 인프라 프로젝트다. 대내적으로는 중국의 낙후된 서부 지역 개발과 공급과잉 산업의 활로 개척 등을 꾀하고 대외적으로는 주변국에 대한 과감한 투자를 통해 중국의 영향력을 확대하는 것이 목표다. 초기에는 고속철도와 도로 건설, 자원개발 등에 자금과 역량을 집중했지만, 사업이 진행됨에 따라 무역, 금융, 통신 등 전방위로 확대하고 있다.

최근 들어 일대일로 프로젝트가 5G, 인공지능 감시 시스템, 전자상거래 플랫폼 구축에 적극 나서면서 '디지털 일대일로'로 진화하고 있다. 디지털 일대일로는 3단계로 진행된다. 우선 화웨이, ZTE 등 중국 통신장비업체가 일대일로 참여국에 진출해 초고속 인터넷망과 5G 인프라를 깔아주고, 인공지능, 인공위성 위치확인시스템 베이더우北斗와 같은 분야에서 협력을 강화한 뒤 이를 기반으로 전자상거래 플랫폼 구축, 디지털 화폐 유통 등을 통해 중국 중심의 디지털 생태계를 형성하는 것이다. 미국 컨설팅 업체 RWR어드바이저리그룹에 따르면 2012년부터 2019년 초까지 중국이 동남아와 러시아, 중동, 아프리카 등에 디지털 인프라를 구축하기 위해 투입한 자금은 총 790억 달러(약 94조 원)에 이른다.

★ 미국이 화웨이 제재에 나서는 이유는

미국이 화웨이 때리기에 나선 것도 화웨이가 디지털 일대일로의 첨병 역할을 하고 있기 때문이다. 화웨이는 아프리카 23개국에 진출해 이들 국가의 통신 인프라 시장을 장악하는 동시에 일대일로 참여국을 연결하는 초장거리 광케이블을 구축하고 있다. 이집트, 짐바브웨, 탄자니아 등에는 데이터 센터도 설립했다. 세계 최대 통신장비 업체인 화웨이는 차세대 통신 기술인 5G 부문에서 가장 앞선 기술력과 가격경쟁력을 갖춘 기업으로 5G 핵심 특허부터 모뎀 칩, 라우터(중계기), 기지국까지 5G 가치사슬 수직계열화에 성공한 유일한 기업이다. 잘 알려진 것처럼 자율주행, 사물인터넷, 클라우드 등 4차 산업혁명의 핵심 기술들은 모두 5G 네트워크와 밀접하게 연관되어 있다. 21세기 기술 패권을 잡기 위해 반드시 우위를 점해야 할 5G 분야에서 미국을 가장 위협하는 존재가 바로 화웨이인 것이다. 이에 미국은 동맹국에 5G 네트워크 사업에서 화웨이를 배제할 것을 요구하는 한편, 멍완저우孟晚舟 부회장을 체포하고 화웨이 및 주요 계열사를 거래제한 리스트에 올리는 등 적극적으로 반反화웨이 전선 구축에 나서고 있다. 또한 2020년 1월에는 민주당과 공화당이 화웨이에 맞서 5G 통신 기술을 개발하는 업체에 12억 5,000만 달러를 지원하는 내용의 '전략적 연합 통신이용법Utilizing Strategic Allied Telecommunications Act'을 발의하며 중국의 5G 굴기 견제에 힘을 실어줬다.

미국의 제재에도 불구하고 화웨이는 2019년 글로벌 5G 스마트폰 시장에서 삼성전자를 제치고 시장점유율 1위를 차지했다. 차이나 플랫폼은 중국 정부뿐만 아니라 중국 민간기업들까지 가세해 글로벌 선두를 노리고 있다.

하지만 이 같은 움직임이 화웨이에 결정적인 타격을 주지는 못하고 있다. 미국의 제재가 중국 내수 시장에서 애국주의 소비 열풍을 불러일으켰고, 일부 유럽 국가와 일대일로 참여국들이 5G 인프라를 구축하려면 화웨이 통신장비가 필요하기 때문이다. 더불어 화웨이가 스마트폰 핵심 부품과 5G 통신장비 국산화에 성공하면서 생산 차질을 최소화한 것도 제재의 충격을 극복하는 데 중요한 요인으로 작용했다. 실제로 화웨이의 매출액은 미국의 제재가 한창이었던 2019년 3분기에 6,108억 위안을 기록하면서 전년동기대비 24.4% 증가했고, 특히 글로벌 5G 스마트폰 시장에서는 삼성전자를 제치고 시장점유율 1위를 차지했다. 미국이 가한 제재의 충격을 대체 시장 확보와 기술 국산화로 상쇄한 것이다.

인공지능 역시 미국의 견제가 집중된 분야다. 트럼프 행정부는 2019년 2월 '인공지능 분야에서 미국의 리더십 유지executive order on maintaining american leadership in artificial intelligence'라는 행정명령에 서명하고, 같은 해 10월에는 센스타임商汤科技, 메그비旷视科技, 아이플라이테 등 중국의 주요 AI 기업들을 거래 제한 리스트에 올렸다. 미국의 AI 기술 우위를 지키고 경쟁국들로부터 핵심 AI 기술을 보호하기 위한 조치였다. 에릭 슈미트 구글 전 CEO와 로버트 워크 전 국방차관이 이끄는 미 의회 산하 NSCAI(국가인공지능보안위원회)가 같은 해 11월 발표한 보고서에서 미국과 중국 가운데 AI 혁신을 주도하는 국가가 21세기를 지배하게 될 것이며, 인공지능이 양국 간 기술 냉전의 가장 큰 위협이라고 지적한 것 역시 같은 맥락이다.

실제로 중국은 2030년까지 미국을 제치고 세계 1위의 인공지능 강국으로 도약하기 위해 국가적 역량을 총동원하고 있다. 중국 특유의 탑다운 방식Top-down approach으로 정부가 규제 완화와 빅데이터를 제공하면 민간 AI 기업이 실생활과 산업 현장에 깊숙이 파고들며 AI 산업 규모와 기술 역량을 키우고 있다. 시진핑 주석은 2018년 10월 인공지능과 관련한 발언에서 '중국에 세계 기술 경쟁의 주도권을 갖게 하는 핵심 수단이자 과학 기술, 산업 구조, 생산력을 향상시킬 전략 자원'으로 정의한 바 있다. 이와 함께 중국 정부는 2017년 11월에 바이두(자율주행), 알리바바(스마트시티), 텐센트(헬스케어), 아이플라이텍(음성 인식) 등을 AI 국가대표팀으로 지정했으며, 이후 화웨이, 하이크비전, 샤오미, 평안보험, 징동닷컴 등을 추가로 포함했다. 미국의 강도 높은 견제에도 불구하고 중국 정부와 민간기업이 힘을 합쳐 차세대 AI 플랫폼 개발에 박차를 가하겠다는 의지를 드러낸 것이다.

★ 미중 플랫폼 경쟁이 시작된다

이처럼 무역 분쟁으로 시작된 미·중 갈등은 기술 패권 경쟁으로 확대되며 장기화할 가능성이 커지고 있다. 미·중 간 국력 격차가 줄어들고 경제적 상호 의존성이 높아짐에 따라 한 국가가 다른 상대국을 일방적으로 제압하기 어려운 상황에서 패권의 핵심 요소인 첨단기술을 둘러싼 두 초강대국 간 대결이 지속될 것이기 때문이다. 분명한 것은 미·중 갈등이 장기화하며 미국이 계속해서 중국을 압박한다면 이는 중국의 자체적인 표준 구축과 기술 자립화를 가속하는 요인으로 작용할 것이라는 점이다. 화웨이가 안드로이드 대항마로 자체 운영체제OS인 홍멍鴻蒙 생태계 확장에 박차를 가하고 있고, 샤오미, 화웨이, 오포, 비보 등 중국 스마트폰 4사가 GDSAGlobal Developer Service Alliance라는 독자적인 앱스토어 플랫폼 개발에 나선 것이 대표적인 예다. 중국은 미국과 차별화된 영역을 구축하고 그곳에서 영향력을 확대하고자 한다. 특히 인공지능, 5G 등 승자독식 경향이 강한 4차 산업혁명 기반 기술에서 자신만의 표준과 규범을 만드는 것은 선택이 아닌 필수다. 그렇지 못할 경우 패권 경쟁에서 영원히 후발 주자로 머물며 순식간에 존폐를 위협받을 수 있다.

중국은 자신만의 표준과 규범이 적용된 디지털 플랫폼 구축에 박차를 가하고 있다. 방대한 내수 시장을 바탕으로 전자상거래, 핀테크, SNS, OTT• 등 자국산 플랫폼을 만들고, 여기서 실력을 쌓은 기업들을 동남아와 아프리카, 중동 등 미국의 영향력이 상대적으로 덜 미치는 지역으로 진출시켜 '디지털 죽竹의 장막'을 치려는 것이다. 이렇게 되면 중국은 미국의 압박을 견딜 수 있는 내성을 갖출 뿐 아니라 미국의 포위 전략에서 벗어나 독자적인 세력권을 구축할 수 있게 된다. 앞서 언급한 4차 산업혁명 기반 기술 역시 디지털 플랫폼과 떼

• OTTOver The Top란 기존 통신·방송 사업자들 외에 제3사업자들이 인터넷을 기반으로 드라마, 영화뿐 아니라 다양한 미디어 콘텐츠를 제공하는 서비스를 뜻한다.

어놓고는 생각할 수 없다.

이런 상황에서 우리가 해야 할 일은 분명하다. 한국의 바로 옆에 위치한 중국의 디지털 플랫폼이 어떻게 작동하고 있는지, 첨단기술의 발전이 어떤 방향으로 진행되고 있는지를 파악하는 것이다. 아마존, 구글, 애플 등 미국 플랫폼 기업은 익히 알고 있지만 중국의 플랫폼 기업에 대해선 무지를 넘어 잘못 알고 있는 경우가 적지 않다. 중국의 변화가 글로벌 경제와 한국 경제에 어떤 영향을 미칠 것인지 분석하고 이에 대한 대응책을 반드시 마련해야 한다. 이미 거대하게 성장한 차이나 플랫폼을 무시하기엔 그 영향력이 너무 크고 적대시하기엔 그로 인해 놓쳐버릴 기회비용이 너무 크기 때문이다. 이제 차이나 플랫폼에 대해 본격적으로 살펴보자.

Focus

포스트 코로나 시대의 G2 패권전쟁

코로나19를 계기로 미국과 중국의 패권전쟁이 다시 불붙고 있다. 코로나19 사태의 책임론에 직면한 시진핑 주석과 정치적 위기에 빠진 트럼프 대통령이 글로벌 주도권 장악을 두고 치열한 경쟁을 벌이고 있기 때문이다. 미국 트럼프 정부는 2020년 1월 미·중 무역 전쟁 휴전에 합의한 이후 중국에 대한 비판을 자제해왔다. 하지만 코로나19로 미국에서 수많은 사망자가 발생하고 경제가 큰 충격에 빠지자 연일 중국에 대한 비판을 쏟아냈다. 전염병 확산 방지와 경기부양을 위해 국제공조를 강화해야 한다는 일각의 지적에도 불구하고, 2020년 11월 대선을 앞둔 트럼프 대통령은 지지층 결집을 위해 코로나19 사태의 책임을 중국에 전가하면서 대중 강경 노선으로 급선회한 것이다. 예상치 못한 상황으로 1단계 무역 합의가 계획대로 이행될 가능성이 낮아진 만큼 화웨이 제재와 보조금 문제, 사이버 보안 등 다양한 분야에서 중국을 전방위로 옥죄고 있다. 더욱이 미국은 유럽 등 제3국에게도 대중 압박에 동참할 것을 요구하면서 중국에 대한 포위망을 넓히고 있다. 그야말로 미·중 패권전쟁이 2라운드에 돌입한 것이다.

이에 대해 중국은 자신도 코로나19의 피해자라고 주장하며 중국 책임론에 적극 반박하는 한편, 정상외교와 의료 물자 지원 등을 앞세워 영향력 확대를 꾀하고 있다. 고강도 봉쇄로 전 세계에서 가장 먼저 코로나19를 극복해나가고 있다는 점을 내세우며 코로나19 사태 이후를 노린 글로벌 질서 재편에 나서고 있는 것이다. 첨단기술 경쟁에서 승기를 잡겠다는 의지도 분명히 했다. 5G, 데이터센터, 스마트시티 등 신형 인프라 구축에 대규모 투자를 진행하는 것은 물론이고, 화웨이, 알리바바, 텐센트 등 대형 IT 기업들을 앞세워 '디지털 차이나'를 전 세계로 수출하고 있다.

하지만 이번 사태로 중국이 입은 상처도 깊다. 중국 정부가 어떠한 변명을 하더라도 코로나19 발병 초기의 부실 대응과 정보 은폐로 세계 각국에 엄청난 피해를 줬다는 점은 부인할 수 없는 사실이다. 국제사회에서 미국과 대등한 위상을 지닌 리더로 발돋움하려는 중국에 투명성과 신뢰성 상실이 남긴 후유증은 향후 두고두고 발목을 잡게 될 것이다. 또한 코로나19를 계기로 글로벌 가치사슬 붕괴를 경험한 주요국들이 해외 생산기지를 분산하거나 자국으로 돌아오게 하는 리쇼어링reshoring에 속도를 내고 있는 점도 부담이다. 이렇게 되면 글로벌 주요 기업들의 생산시설이 수요처와 가까운 지역으로 재배치되면서 중국에 대한 의존도가 낮아지고, 그에 따라 세계의 공장으로 불렸던 중국의 위상이 하락할 수밖에 없기 때문이다.

미국 역시 코로나19 사태로 심각한 타격을 입기는 마찬가지다. 부실한 방역 조치로 전 세계에서 가장 많은 확진자와 사망자가 발생하는 수모를 겪었고, 수천만 명의 실업자가 발생하며 대공황 이후 최악의 경기침체에 빠졌다. 과도한 의료비 등 부실한 공공의료 체계의 민낯도 그대로 드러났다. 설상가상으로 트럼프 대통령이 미국 우선주의만 내세운 탓에 미국의 글로벌 리더십도 크게 위축됐다. 11월 대선이 가까워질수록 미국의 중국 때리기가 거세질 것으로 예상되는 만큼 세계경제의 불확실성은 상당 기간 지속될 가능성이 높다.

Chapter

2

디지털 차이나,
플랫폼 굴기

hina Platform

03

플랫폼은 이미
중국을 지배하고 있다

★ 페이스북의 미래, 위챗

2019년 3월 마크 저커버그 페이스북 CEO는 향후 페이스북이 기존의 개방형 SNS 플랫폼에서 벗어나 폐쇄형 메신저 플랫폼으로 전환할 것이라고 선언했다. 사람들이 소셜미디어보다 메신저를 커뮤니케이션 수단으로 선호하게 되고 개인정보 유출, 가짜 뉴스 등 악재가 잇따르는 상황에서 메신저 앱과 온라인 결제, 전자상거래를 통합하는 형태의 비즈니스 모델을 추구하겠다는 것이다. 여기에는 지나치게 온라인 광고에 의존하는 페이스북의 수익 구조를 다각화하려는 목적도 있었다. 참고로 페이스북이 사용자들의 뉴스피드에서 축적된 데이터를 활용해 올리는 광고 수익이 전체 매출의 98%를 차지하고 있다.

위챗은 단순 메신저 기능을 넘어선 지 오래다. 전자상거래, 결제, 게임, O2O 등 중국인의 삶에서 없어서는 안될 종합 플랫폼으로 자리 잡았다. 또한 광고에 지나치게 의존하는 페이스북에 비해 훨씬 균형 잡힌 수익 구조를 갖췄다는 평가를 받고 있다.

페이스북의 이 같은 발표에 대해《월스트리트저널》등 주요 외신들은 페이스북이 중국 텐센트의 위챗을 벤치마킹한 것이라고 평가했다. 페이스북이 선보이려는 서비스를 이미 성공적으로 운영하고 있는 앱이 위챗이기 때문이다. 전 세계 메신저형 플랫폼의 최선두를 달리고 있는 위챗은 단순한 메신저 기능을 넘어 전자상거래, 결제, 게임, O2O 등 다양한 서비스를 제공하는 종합 플랫폼이다. 페이스북이 지향하는 청사진을 현실에서 구현한 슈퍼앱이 바로 위챗이다. 텐센트는 위챗 생태계를 기반으로 온라인 광고는 물론 게임, SNS, 핀테크, 클라우드 등 다양한 서비스를 제공하며 광고에 지나치게 의존하는 페이스북에 비해 훨씬 균형 잡힌 수익 구조를 갖추고 있다.

이처럼 실리콘밸리를 대표하는 IT 기업이 중국 기업의 비즈니스 모델을 모방하기 시작했다는 것은 글로벌 혁신 산업에 지각변동이 일어나고 있다는 것을 의미한다. 지금껏 혁신 산업 부문에서 글로벌 경쟁력을 갖춘다는 것은 미국 등 서구 선진국의 기술을 받아들이는 것을 의미했지만, 이제 중국도 혁신의 기준과 출발점이 될 수 있음을 증명한 것이기 때문이다. 다시 말해 기술혁신이 더 이상 서구의 전유물이 아니며 적어도 플랫폼 비즈니스 부문에서만큼은 중국이 세계 최고 수준에 도달했다는 점이 분명해지고 있다.

★ 플랫폼의, 플랫폼에 의한, 플랫폼을 위한

중국은 전 세계에서 디지털 플랫폼에 의한 파괴적 혁신이 가장 활발하게 일어나는 국가다. 방대한 내수 시장과 기술혁신, 그리고 정부의 지원에 힘입어 플랫폼의, 플랫폼에 의한, 플랫폼을 위한 국가로 탈바꿈하고 있는 곳이 바로 중국이다. 디지털 플랫폼 확산이 더딘 EU나 일본에서 기존 산업군이 여전히 건재한 것과 대조적으로 중국에서는 이미 거의 모든 영역에서 디지털 플랫폼이 전통 산업의 생존을 위협하고 있다. 알리바바와 같은 전자상거래 플랫폼은 소비자와 생산자를 직접 연결하며 중국을 하나의 시장으로 통합했고, 알리페이와 같은 모바일결제 플랫폼은 모든 상거래를 이어주는 금융 시스템으로 진화했다. 위챗은 메신저에서부터 음식 배달, 기차 항공편 예약에 이르기까지 중국인들의 모든 일상을 관리해주고 있다. '위챗에 없는 서비스는 중국에 없는 서비스다'라는 말이 있을 정도다. 그뿐만 아니라 앤트파이낸셜, 바이트댄스, 메이퇀뎬핑과 같은 2세대 플랫폼 기업들은 창조적 모방 단계를 뛰어넘어 독창적인 비즈니스 모델을 구축하는 단계에 진입했다.

그 결과 중국의 전자상거래 시장규모는 미국보다 3배 이상 크고 전체 소매 판매 중 전자상거래가 차지하는 비중 역시 세계 최고 수준에 이르렀다. 글로벌 컨설팅 기업인 언스트앤영Ernst & Young, EY에 따르면 중국의 핀테크 도입률은 87%로 전 세계 평균(64%)을 크게 웃돌며, 중국의 모바일결제금액은 글로벌 양대 신용카드사인 비자와 마스터카드의 결제금액을 합친 것보다 많은 것으로 나타났다. 앞서 언급한 위챗의 경우 중국의 전체 데이터 트래픽 사용량에서 차지하는 비중은 34%로 페이스북이 북미 지역에서 차지하는 비중인 14.1%보다 훨씬 높다. 이는 중국이 얼마나 강력하게 디지털 플랫폼 경제로 전환하고 있는지를 단적으로 보여주는 장면들이라 할 수 있다.

알리바바, 텐센트와 같은 플랫폼 기업들은 소비자와 생산자를 직접 연결해 사회경제적 효용을 크게 증가시키는 것은 물론이고, 투자자들에게도 막대한 부를 안겨줬다. 손정의 소프트뱅크 회장이 알리바바 창업자인 마윈馬雲을 만난 지 6분 만에 2,000만 달러를 투자했고, 알리바바가 중국 최대 전자상거래 업체로 성장하면서 수천 배 이상의 초대박 수익률을 기록하며 소프트뱅크가 글로벌 투자회사로 성장하는 데 주춧돌 역할을 했다. 2019년 말 기준으로 소프트뱅크는 알리바바 지분 25.1%를 보유한 최대주주다. 또한 2001년 텐센트에 3,200만 달러를 투자한 남아프리카공화국의 미디어 기업 나스퍼스Naspers는 2004년 텐센트가 홍콩 증시에 상장한 후 지분의 33.3%를 취득했다. 나스퍼스는 2018년 3월 텐센트의 지분 2%를 약 100억 달러에 매각했지만 여전히 최대 주주 지위를 유지하고 있다. 닷컴 버블 붕괴 이후 IT 투자 심리가 크게 위축된 상황에서도 텐센트의 가치를 알아보고 장기 투자를 함으로써 엄청난 이익을 거둔 것이다.

플랫폼 기업의 부상은 중국의 부자 지형도에도 커다란 변화를 초래하고 있다. 과거 중국의 부자 순위에서 상위권을 차지했던 이들은 주로 부동산개발업, 제조업 CEO였으나 이제는 플랫폼 비즈니스에 기반한 IT 기업 CEO들의 강세가 두드러진다. 중국 경제의 성장축이 부동산, 제조업에서 첨단 디지털 산업으로 재편되고 있는 것이다. 중국판 포브스인 후룬연구소胡润研究院가 발표한 '2019년 중국 부호 순위'에 따르면 390억 달러의 자산을 보유한 마윈이 2년 연속 중국 최고 부호 자리에 올랐고, 텐센트 CEO 마화텅马化腾이 360억 달러로 뒤를 이었다. 이와 함께 SNS 기반 공동구매라는 차별화된 전략으로 중국 3대 전자상거래 업체로 떠오른 핀둬둬拼多多의 CEO 황정黄峥이 자산 190억 달러로 7위를 기록했고, 전 세계적인 인기를 누리고 있는 틱톡 개발사 바이트댄스의 창업자 장이밍张一鸣은 135억 달러로 20위에 올랐다.

중국에서 1980년생 황정, 1983년생 장이밍과 같은 젊은 부자들이 탄생한 것은 그만큼 스타트업이 유니콘으로 성장할 수 있는 생태계가 잘 갖춰져 있음을 뜻한다. 중국은 기업가 정신으로 무장한 수많은 청년이 스타트업 창업을 통해 다양한 비즈니스 모델과 혁신적인 제품 개발에 나서고 있는 데다 벤처캐피털이 이들에게 과감하게 투자하면서 유니콘의 산실로 부상했다. 특히 알리바바, 텐센트 등 대형 IT 업체들이 스타트업 지분투자 및 인수합병M&A에 공격적으로 나서면서 스타트업의 펀딩 규모가 대형화됐고 투자 회수 기간이 짧아지면서 스타트업 생태계가 활성화되는 선순환 구조가 형성됐다. 보스턴컨설팅그룹에 따르면 중국에서 스타트업이 창업한 이후 유니콘 기업으로 성장하는 데 걸리는 시간은 평균 4년으로 벤처기업의 종주국인 미국(7년)보다 훨씬 짧은 것으로 나타났다. 이는 중국이 방대한 내수 시장과 펀딩 붐을 기반으로 유니콘 탄생에 최적화된 환경을 조성하고 있음을 의미한다. 실제로 2019년 중국의 유니콘 수는 206개를 기록하며 처음으로 미국(203개)을 제쳤으며 글로벌 1위부터 3위까지 유니콘 기업도 모두 중국 플랫폼 기업이 휩쓸었다.

★ 디지털 플랫폼이 바꾸는 중국 경제

디지털 플랫폼은 중국 경제가 투자 중심 모델에서 소비 중심 모델로 전환하고, 노동집약형 산업구조를 기술집약형으로 탈바꿈하는 데 결정적으로 기여하고 있다. 단적으로 2018년 중국 GDP 성장률에 대한

▌국가·도시·기업별 세계 유니콘 TOP 10(2019년 기준)

	국가(유니콘 보유 수)		도시(유니콘 보유 수)		기업(기업가치)	
1위	중국	206	베이징	82	중국 앤트파이낸셜	172조 2,800억 원
2위	미국	203	샌프란시스코	55	중국 바이트댄스	86조 1,400억 원
3위	인도	21	상하이	47	중국 디디추싱	62조 208억 원
4위	영국	13	뉴욕	25	미국 인포	60조 2,980억 원
5위	독일	7	항저우	19	미국 쥴 랩스	58조 5,752억 원
6위	이스라엘	7	선전	18	미국 에어비앤비	46조 5,156억 원
7위	한국	6	난징	12	중국 루팍스	46조 5,156억 원
8위	인도네시아	4	팔로알토	10	미국 스페이스X	43조 700억 원
9위	프랑스	4	벵갈루루	9	미국 위워크	36조 1,788억 원
10위	브라질	4	레드우드시티	9	미국 스트라이프	27조 5,648억 원

출처: 胡润研究院

플랫폼 기업의 부상은 중국의 부자 지형도에도 커다란 변화를 초래하고 있다. 과거 중국의 부자 순위에서 상위권을 차지했던 이들은 주로 부동산개발업, 제조업 CEO였으나 이제는 플랫폼 비즈니스에 기반한 IT 기업 CEO들의 강세가 두드러진다.

소비 지출 기여도는 76.2%를 기록하며 지난 10년 평균치인 54.2%를 크게 웃돌았다. 경제발전 과정에서 규모가 커진 중산층이 플랫폼과 만나면서 내수 시장이 높은 성장세를 나타내고 있을 뿐 아니라 디지털 기술의 확산으로 사람들의 소비 패턴에도 큰 변화가 생기고 있다. 중요한 점은 이러한 변화가 비가역적irreversible으로 진행되고 있다는 것이다. 앞으로 더 많은 사람이 스마트폰을 이용해 상품과 서비스를 구입할 것이고 이러한 수요에 부응해 디지털 플랫폼 기업들 역시 혁신과 투자를 지속할 것이기 때문이다. 더욱이 이 과정에서 인공지능, 클라우드, 5G, 사물인터넷 등 4차 산업혁명 핵심기술은 플랫폼의 영향력을 더욱 확대시키는 방향으로 작용할 것으로 전망된다.

중국이 미·중 무역 분쟁의 타격을 예상외로 적게 받는 것도 이러한 현상과 무관치 않다. 중국 경제는 탄탄한 내수 위에 구축된 플랫폼을 기반으로 보다 자립적인 양상을 띠면서 외부 충격에 강한 내성을 갖게 됐다. 미·중 무역 분쟁이 장기화하며 중국의 경기 하방 압력이 커졌음에도 디지털 플랫폼이 왕성한 소비 수요를 촉발시키며 이를 상쇄한 것이다. 실제로 미·중 무역 분쟁이 본격화한 2018년 이후에도 중국의 양대 전자상거래 업체인 알리바바와 징동닷컴의 실적은 견고한 성장세를 보였고, 심지어 중국 최대 쇼핑 이벤트인 광군제光棍节에서도 매년 사상 최대 실적을 경신하며 중국 소비자들의 폭발적인 구매력을 과시했다. 중국 경제가 어려워질수록 생산자 간 경쟁이 치열해지고 소비자들도 가격에 민감해지면서 플랫폼 파워가 한층 커지고 있는 것이다. 게다가 코로나19 사태는 이와 같은 변화를 더욱 극적으로 끌어내고 있다.

중국이 디지털 혁신에 적극적으로 나서는 이유는 분명하다. 중국 경제를 떠받치던 투자-수출 중심의 기존 성장 동력이 한계에 이르면서 기술혁신과 생산성 향상이 필수 과제로 떠올랐기 때문이다. 과잉투자, 자산 버블과 같은 심각한 부작용을 낳는 방식으로는 더 이상 성장할 수 없고, 성장해서도 안 되는 상황에 직면했다. 다시 말해 성장 모멘텀을 이어가면서도 지속 가능한 경제구조를 구축해야 하는 중대한 변곡점에 서게 된 것이다. 투자와 수출에 치중했던 성장 동력을 소비로 이동시키고 서비스업을 육성해 고용을 창출하기 위해서는 디지털 플랫폼의 확산이 필수다. 중국 정부가 코로나19 충격에 따른 경기부양을 위해 2008년 글로벌 금융위기 때처럼 천문학적인 돈을 쏟아부어 도로와 철도 등 하드웨어 인프라를 짓는 대신 인공지능과 빅데이터, 5G 등에 기반한 소프트웨어 인프라 구축에 나선 것도 이 때문이다.

이렇게 볼 때 중국 경제를 바라보는 관점도 달라져야 한다. 즉 지금까지 중국의 하드웨어 인프라 투자가 어떻게 이뤄졌는지에 초점을 맞췄다면, 이제는 갈수록 중요성이 커지고 있는 소프트웨어, R&D, 지식재산권과 같은 무형 경제에 주목해야 한다. 중국 정부가 생산성 향상과 재고 부담 완화를 위해 무형자산 관련 산업을 육성하는 데 힘을 쏟고 있고, 동시에 디지털 플랫폼 기업들의 영향력이 급증하며 기술집약형 산업 성장을 주도하고 있기 때문이다. 최근 들어 중국에서도 미국처럼 IT 소프트웨어와 데이터베이스 개발 등 무형자산 투자가 빠르게 증가하고 있다. 2018년 기준 중국의 GDP 대비 R&D 지출 비중은 2.2%로 유럽보다 높고, R&D 지출 규모는 미국에 이어 2위를 차지했다. 텐센트 산하 텐센트 연구원腾讯研究院이 발표한 〈2019년 디지털 차이나 지수 보고서2019数字中国指数报告〉에 따르면 최근 몇 년간 중국에서 전자상거래, SNS, 검색 등 IT 산업을 기반으로 하는 디지털 경제가 빠르게 성장해 GDP 대비 33.2%의 비중을 차지한 것으로 나타났다. 특히 클라우드 사용량이 디지털 경제발전에 중요한 지표로 작용하는데, 클라우드 사용량이 1% 증가하면 230억 9,000만 위안의 GDP 증가 효과가 있는 것으로 분석했다. 과거 하드웨어 중심의 경제를 측정하던 지표만으로는 기술집약형 디지털 경제로 전환하고 있는 중국을 제대로 파악할 수 없음을 시사하는 대목이다.

무형자산의 중요성이 커진다는 것은 기업의 가치 평가 방식도 달라져야 한다는 것을 의미한다. 전통적인 제조기업에 적용되던 감가상각, 재고 회전율, 영업이익 등의 경영지표를 무형자산 비중이 높은 기업의 가치 평가에 사용하는 것은 바람직하지 않다. 시간과 공간의 제약을 받는 유형자산과 달리, 무형자산은 동시에 여러 장소에서 사용이 가능하며 네트워크 효과에 따른 승자독식 경향이 강하기 때문이다. 기존의 회계 처리 방식은 무형자산의 가치를 과소평가하는 경향이 있다. 실제로 미국에서는 무형자산에 대한 투자 비중이 크게 늘어나며 기존 회계 정보의 유용성이 떨어지고 있다는 신호가 곳곳에서 감지되고 있다. 2010년대 중반 이후 FANG(페이스북Facebook, 아마존Amazon, 넷플릭스Netflix, 구글Google)으로 대변되는 미국 플랫폼 기업들의 주가가 급상승한 것 역시 무형자산에 대한 가치 재평가가 이뤄졌기 때문이다. 이를 감안하면 중국의 디지털 플랫폼 기업에 대한 가치 평가도 새로운 방식으로 이뤄질 필요가 있다. 현재 이들 기업의 재무제표에는 특허권, 비즈니스 모델, 브랜드 등 갈수록 중요성이 커지는 무형자산의 가치가 제대로 반영되고 있지 않다. 한편, 무형자산 비중이 높은 기업은 기본적으로 담보를 요구하는 은행 대출이 어렵기 때문에 필연적으로 주식, 회사채 등 직접금융시장에 대한 의존도가 커질 수밖에 없으며 이는 중국의 자본 시장 발전을 가속하는 역할을 할 것으로 전망된다.

중국 플랫폼 굴기의 원동력

그렇다면 중국이 플랫폼 굴기에 성공할 수 있었던 원동력은 무엇일까? 무엇보다 방대한 내수 시장을 빼놓을 수 없다. 중국은 값싼 노동력을 바탕으로 세계 무역 시스템에 편입해 세계의 공장으로 성장했고, 이 과정에서 구매력을 갖춘 탄탄한 소비층이 형성되며 이제는 세계의 시장으로 변모했다. 1인당 GDP가 1만 달러를 돌파하며 수억 명의 중산층이 탄생했고, 이들은 높은 구매력과 세련된 취향으로 중국뿐 아니라 글로벌 소비시장의 지형을 변화시키고 있다.

중국 플랫폼 굴기는 이처럼 구매력을 갖춘 소비자의 손에 스마트폰이 쥐어지면서 시작됐다. 플랫폼의 파워는 스마트폰 수에 의해 결정된다고 해도 과언이 아니다. 중국은 한 해에만 4억 대가 넘는 스마트폰이 팔리는 세계 최대 스마트폰 시장이며, 인터넷 사용자 수는 미국과 유럽을 합친 것보다 많다. 게다가 스마트폰은 단순한 IT 기기가 아니다. 전자상거래부터 결제, 미디어, O2O에 이르기까지 플랫폼 생태계를 만드는 핵심 인프라일 뿐만 아니라 24시간 인터넷에 접속되어 있는 라이프 스타일을 소비자들이 당연한 것으로 받아들이게 만든다. 스마트폰을 통해 소비자들은 언제 어디서든 쇼핑과 검색을 할 수 있고, 동영상을 감상하거나 배송 서비스를 이용할 수 있다. 더욱이 플랫폼은 더 많은 참여자가 모일수록 파급효과가 기하급수적으로 커지는 네트워크 효과가 발생한다. 같은 전자상거래 비즈니스 모델이라도 유효 고객 수가 5,000만 명에 불과한 한국에서 사업하는 것보다 14억 명의 유효 고객을 보유한 중국에서 하는 것이 훨씬 유리한 이유다. 플랫폼은 특성상 1등 기업이 이익의 대부분을 가져가는 승자독식 구조이기 때문에 중국 플랫폼의 기업가치가 더욱 커질 수밖에 없다.

한편 최근 중국의 3선 이하 지방 도시가 1, 2선 대도시의 바통을 이어받아 플랫폼 시장의 성장을 주도하고 있다. 현재 경기둔화에 직면한 중국에서 자동차, 가전, 영화, 화장품 등 소비시장이 성장하는 곳은 3선 이하 지방 도시다. 플랫폼 시장도 예외가 아니다. 1, 2선 대도시가 포화 상태에 이른 상황에서 빠른 소득 증가와 높은 소비성향을 나타내는 3선 이하 지방 도시들이 디지털 경제의 새로운 성장 동력으로 떠오르고 있는 것이다. 도시화가 빠르게 진행되고 지방 도시의 소득수준이 향상되는 가운데 고속철도 등 교통의 발달로 물류 업체들의 서비스 범위가 이들 지역까지 확장된 영향이 컸다. 단적인 예로 2018년 알리바바로 새로 유입된 고객 중 70%가 지방 도시 거주자들이었으며, 2019년 상반기 메이퇀뎬핑에 신규로 음식을 주문한 이용자의 80%가 1선 도시가 아닌 지방 도시에서 나왔다. 더욱이 중국 3선 이하 지방 도시에 거주하는 인터넷 사용자 중 온라인으로 물건을 구매해본 적 없는 사람이 1억 2,800만 명에 이르는 만큼 향후 이들 지역 전자상거래의 성장잠재력이 크다고 할 수 있다.

3선 이하 지방 도시를 공략해 성공한 대표적인 전자상거래 업체가 핀둬둬다. 이 회사는 설립 초기부터 기존 강자인 알리바바나 징동닷컴이 선점한 1, 2선 대도시보다 가격에 민감한 저소득층 비중이 높고 전자상거래 침투율이 낮은 3선 이하 도시를 집중적으로 공략했다. 그 결과 핀둬둬는 설립 5년 만에 연간 활성 사용자 6억 2,810만 명(2020년 1분기 기준)을 확보하며 중국 2위 전자상거래 업체로 부상했다.

중국 디지털 플랫폼이 빠르게 성장할 수 있었던 또 다른 이유는 역설적으로 통신시설과 유통 채널, 금융 서비스 등 사회 인프라 전반이 낙후되어 있었기 때문이다. 기존 시스템이 워낙 열악하다 보니 디지털 플랫폼으로 전환할 때 발생하는 저항과 마찰이 최소화됐다. 사실 중국에서 스마트폰을 기반으로 한 모바일 생태계가 구축된 것 역시 광대한 국토에 유선망을 깔기 어려웠던 탓에 정부가 나서 무선 네트워크에 집중 투자했기 때문이다. 대부분의 소비자가 PC보

낙후된 금융 서비스는 오히려 중국 모바일결제 시장을 더욱 빠르게 성장시키는 요인이 됐다. QR코드를 적극 도입하여 현금결제에서 신용카드 결제를 건너뛰고 모바일결제 상용화로 직행한 결과, 현재 중국은 전 세계에서 핀테크 도입률이 가장 높은 국가로 꼽힌다.

다는 모바일로 인터넷을 처음 접하다 보니 인터넷 기업들도 애초부터 모바일 환경에 최적화된 서비스를 시장에 내놓았다.

중국에서 전자상거래 플랫폼이 발전한 것도 이와 유사한 맥락에서 이해할 수 있다. 중국은 미국, 한국 등 다른 국가들과 달리 전자상거래 업체와 대형 오프라인 유통업체의 성장이 동시에 진행됐다. 미국의 경우 아마존과 이베이가 전자상거래 사업을 시작하기 훨씬 전인 1962년부터 월마트가 '언제 어디서나 최저가의 상품을 판매한다'는 가치 아래 빠르게 사업을 확장하며 미국 최대 유통업체로 자리 잡았다. 한국 역시 쿠팡, 11번가 등 전자상거래 업체들이 탄생하기 전에 신세계, 롯데쇼핑 등 대형 업체들이 막강한 자본력을 바탕으로 유통시장을 선점했다. 반면 중국의 경우 1990년대 후반 경제성장과 IT 기술 발전으로 대형 오프라인 유통업체와 전자상거래 업체가 동시다발적으로 생겨났으며, 대형 오프라인 유통업체들이 제대로 손쓸 틈도 없이 알리바바, 징동닷컴 등 전자상거래 업체들이 유통시장의 주도권을 장악할 수 있었다. 오프라인 유통업체가 자사의 사업을 보완하려는 목적으로 전자상거래 시장에 진출한 것과 달리 전자상거래 업체들은 처음부터 온라인 환경에 적합한 가격 정책과 서비스를 선보이며 중국을 세계 최대 전자상거래 시장으로 탈바꿈시켰다.

중국 플랫폼 비즈니스의 일등 공신이라 할 수 있는 모바일결제가 이토록 활성화된 것도 낙후된 중국의 금융 서비스와 관련이 있다. 알리페이와 위챗페이로 대변되는 모바일결제는 차이나 이노베이션의 출발점이라고 해도 과언이 아니다. 모바일결제가 도입됐을 때 이미 신용카드가 보편화된 선진국들과 달리 중국에서는 여전히 현금거래가 주류를 이루고 있었다. 중국 인구의 25%가량은 제도권 금융기관과 거래한 실적이 없어 기존 신용평가 방식으로는 등급을 매길 수 없었고, 높은 수수료와 복제에 대한 불안감 역시 신용카드 보급을 가로막는 요인으로 작용했다. 2017년 기준으로 중국의 1인당 신용카드 보유 수는 0.4장으로 우리나라(1.88장)에 훨씬 못 미친다. 이러한 여건 속에서 알리바바, 텐센트 등 IT 기업들은 QR코드를 적극 도입했고, 이는 중국이 현금결제에서 신용카드 결제를 건너뛰고 모바일결제 상용화로 직행하는 데 크게 기여했다. 그 결과 중국은 불과

2~3년 만에 전 세계에서 핀테크 도입률이 가장 높은 국가가 됐다.

플랫폼 비즈니스에서 모바일결제가 위력적인 것은 단순히 모바일로 상품을 주문하고 결제할 수 있어서만이 아니다. 모바일결제를 통해 쌓인 빅데이터가 전자상거래, 모빌리티, O2O, 미디어 등 다양한 분야의 맞춤형 서비스를 제공하는 데 활용되면서 기존 산업구조를 뒤흔드는 게임 체인저가 되고 있기 때문이다. 전자상거래에서 출발한 알리바바가 물류 및 신유통新零售, OTT 등 여러 분야에서 성공적으로 사업을 확장할 수 있었던 것도 바로 모바일결제에서 확보한 빅데이터 때문이다. 더욱이 이제 중국은 QR코드를 활용한 모바일결제를 넘어 안면 인식 결제로 진화하고 있다. 현재 중국에서는 스마트폰 없이도 마트에서 물건을 사거나 지하철 등 대중교통을 이용할 수 있는 안면 인식 기술이 빠르게 확산되고 있다. 낙후된 금융 시스템이 4차 산업혁명 시대에 엄청난 도약대로 작용하는 현실이 눈앞에 펼쳐지고 있는 것이다.

중국 소비시장의 핵심 주체로 부상한 밀레니얼 세대 역시 중국 플랫폼 굴기의 중요한 원동력이다. 이들 세대는 유행을 좇기보다 뚜렷한 주관을 바탕으로 소비하는 경향이 있으며 소득 대비 소비성향이 높아 중국 내수 소비 확대의 견인차 역할을 하고 있다. 밀레니얼 세대는 중국 전체 인구에서 33%의 비중을 차지하고 있지만, 전체 소비에서 차지하는 비중은 절반이 넘는다. 특히 오프라인보다는 온라인에, PC보다는 스마트폰에 친숙해 중국 모바일 생태계 확산의 주역으로 꼽힌다. 이들은 차량과 주거 공간 등을 나눠 쓰는 공유경제에

▌중국 연령별 인터넷 사용자 분포(2020년 3월 기준)

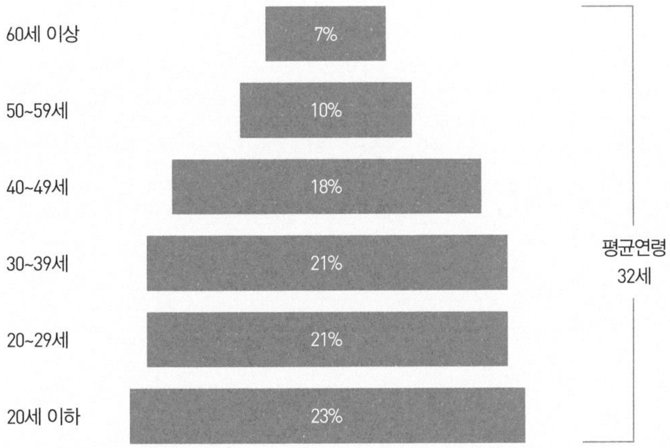

출처: Statista

중국의 인터넷 사용자들 가운데 20·30대 비중이 42%로 매우 높고, 인터넷 사용자의 평균연령이 32세로 미국에 비해 상당히 낮다. 이는 그만큼 새로운 기술에 대한 수용도가 높고 온라인 서비스를 적극적으로 활용하는 젊은 소비층이 풍부하다는 것을 의미한다.

대한 저항감도 낮고 새로운 제품과 서비스를 구매하려는 성향도 강하다. 중국의 인터넷 사용자들 가운데 20·30대 비중이 42%로 매우 높고, 인터넷 사용자의 평균연령이 32세로 미국에 비해 상당히 낮다. 이는 그만큼 새로운 기술에 대한 수용도가 높고 온라인 서비스를 적극적으로 활용하는 젊은 소비층이 풍부하다는 것을 의미한다.

실제로 중국인들의 디지털 플랫폼 사용 빈도는 다른 국가들에 비해 훨씬 높다. 일주일에 한 번 이상 온라인 쇼핑을 하는 비율은 미국보다 2배가량 높고, 배달 앱 사용 횟수도 훨씬 많다. 시장조사기관 아이미디어리서치艾媒咨询에 따르면 일주일에 3~5번 이상 배달 앱을 사용하는 중국인 비중이 33%이고, 일주일에 1~2번 사용하는 비중도 32%인 것으로 나타났다. 그것도 소득수준에 상관없이 말이다. 이처럼 소비성향이 높고 온라인에 친숙한 젊은 소비층이 폭넓게 형성되어 있다는 것은 신규 서비스나 다양한 비즈니스 모델을 시도해보려는 플랫폼 기업들에 더할 나위 없이 좋은 환경이다.

밀레니얼 세대가 주축을 이룬 중국 모바일 생태계는 플랫폼 기업의 조직문화에도 영향을 미쳤다. 시시각각 변하는 인터넷 트렌드에 적응하기 위해 중국 기업들은 수평적이고 유연한 조직문화를 만들고 실무 부서에 과감하게 권한과 책임을 위임해 시장 변화에 발빠르게 대응할 수 있도록 했다. 2018년 9월에 대규모 조직개편을 한 샤오미가 단적인 예다. 샤오미는 TV, 생태계, MIUI(샤오미 운영체제), 엔터테인먼트 등 4개로 나눠진 기존의 사업 부문을 10개의 CEO 직속 사업부로 재편했고, 빠링허우八零后(1980년대생)로 구성된 각 사업부의 부문장이 CEO에게 직접 보고하도록 함으로써 경직된 조직을 수평화하고 의사결정 단계를 축소해 경영 추진 속도를 높였다. 중국 IT 기업을 방문해보면 경영진뿐 아니라 실무 개발자들의 연령이 상당히 낮다는 것을 알 수 있다. 플랫폼 비즈니스의 핵심인 트래픽 확보를 위한 경쟁이 치열한 상황에서 새롭고 차별화된 서비스에 민감한 밀레니얼 세대를 끌어들이려면 이들의 필요와 욕구를 이해할 수 있는 사람이 서비스를 기획하고 의사를 결정해야 하기 때문이다.

무엇보다 중국 플랫폼이 지금처럼 성장할 수 있었던 데는 중국 정부의 역할이 매우 컸다. 중국 정부는 인터넷 검열 시스템인 만리방화벽을 통해 구글, 페이스북 등 미국 플랫폼 기업들이 중국에 진출하는 것을 막았고, 그 틈을 활용해 토종 플랫폼 기업들이 자국 시장을 장악하도록 하는 전략을 채택했다. 이 시스템은 베이징, 상하이 등 대도시에 대규모 감시 서버를 두고 기사, 동영상에서부터 댓글, 채팅에 이르기까지 모든 온라인 콘텐츠를 실시간으로 감시하며, 필요에 따라 특정 사이트에 대한 접근을 차단한다. 그 결과 중국 내에서 검색엔진은 바이두, 메신저는 위챗, SNS는 웨이보微博 등이 지배적인 플랫폼으로 자리 잡았다. 물론 미국 플랫폼 기업들 역시 거대한 중국 시장을 공략하기 위해 많은 노력을 기울였지만, 중국 정부의 강력한 규제와 이러한 보호막 안에서 경쟁력을 키운 자신의 카피캣에 발목을 잡혀 번번이 중국 진출에 실패했다.

중국 정부는 밖으로는 사이버 주권을 내세우며 인터넷을 봉쇄했지만, 안으로는 중국을 디지털 강국으로 만들고자 과감하고 일

중국 모바일결제 시장 규제 도입 시기

상업적 변화 / 규제 도입

	상업적 변화	소요 기간	규제 도입
송금 한도	2005 **알리페이** 무제한 온라인 송금 서비스 개시 (직불카드에서 알리페이 계좌로)	11년 소요	2016 **정부,** 온라인 송금 한도 부과
고객 보호	2005 **알리페이** 에스크로 서비스 개시	9년 소요	2014 소비자 재화 청구를 위한 전자상거래 요구
온라인 결제	2003 **타오바오** 첫 온라인 결제 거래	7년 소요	2010 제3자에 대한 지불 사업 허가서 정부 통과
바코드 기반 모바일결제	2011 **알리페이** 바코드 기반 모바일결제 개시	5년 소요	2016 **정부,** 바코드 지급 기준 제시

	2000년	2005년	2010년	2015년
온라인 결제 거래량 (10억 달러 단위)	1	2	149	1,811

자료: Mckinsey

관된 정책을 펼쳤다. 경제구조를 업그레이드하기 위해 플랫폼 경제의 확산을 국영기업이 지배하는 구경제를 수술하는 도구로 활용했다. 중국은 4차 산업과 관련해 안 되는 것 빼고 다 해도 되는 네거티브 규제 방식을 도입했다. 이는 새로운 사업은 일단 허용하고 시장이 충분히 커질 때까지 기다렸다가 문제가 발생하면 사후적으로 보완 장치를 마련하는 방식이다. 일부 산업에서는 버블을 용인하면서까지 혁신을 추동했다. 이러한 중국의 정책 스탠스는 2017년 6월 국무원 상무회의에서 리커창 총리가 한 발언에서도 잘 나타난다. 그는 "수년 전 위챗이 처음 등장했을 때 관련 당사자들 사이에서 반대하는 목소리가 상당히 컸다. 하지만 우리는 이러한 반대를 무릅쓰고 일단 지켜본 다음 규범을 만들기로 결정했다. 만약 우리가 낡은 방식의 통제를 고수했다면, 오늘의 위챗은 없었을 것"이라고 말했다.

실제로 중국 정부는 알리페이가 2005년에 에스크로• 결제 서비스를 시작한 지 9년이 지난 2014년이 되어서야 소비자 보호를 위한 전자상거래 규정을 도입했고, 거래 규모에 대해서도 2016년에 제한을 뒀다. 2011년에 알리페이가 QR코드를 통한 결제 서비스를 시작하자 기득권을 위협받은 국영은행들이 거세게 반대했지만, 인민은행은 이를 사실상 묵인하며 핀테크 혁신이 확산하는 데 결정적인 역할을 했다. 가짜 QR코드를 이용한 금융 사기에 대한 우려도 있었지

• 소비자가 전자상거래 플랫폼에서 결제해도 지불한 대금이 곧바로 판매자에게 가지 않고, 소비자가 구매를 확정한 뒤에 판매자에게 지급하는 서비스다.

만 빈대를 잡으려다 초가삼간을 태우는 우를 범하지 않았다. 마찬가지로 차량 공유 업체인 디디추싱이 급성장하며 택시 업계를 위협했지만 중국 교통운수부는 인터넷 예약 택시網約車라는 업종을 아예 새로 만들고 관련 법규를 정비해 차량 공유 서비스를 합법화했다. 그뿐만 아니라 정부가 앞장서 세계 최초의 빅데이터 거래소를 세우는 한편, 공공 빅데이터를 민간 보험사에 개방해 인슈어테크• 산업이 활성화하는 데 크게 기여했다. 이러한 정책 기조는 중국이 전자상거래, 모바일결제, 공유경제, 자율주행, 인공지능, 드론 등 혁신 산업에서 글로벌 경쟁력을 갖추는 데 주도적인 역할을 했다. 온갖 규제와 기존 업계의 저항에 막혀 새로운 산업을 일으키지 못하고 있는 한국과는 대조적인 모습이다.

여기서 한 가지 짚고 넘어가야 할 점은 미국을 포함한 글로벌 기업들이 중국 시장에서 성공하지 못한 원인이 중국 정부의 규제 때문만은 아니라는 것이다. 물론 중국의 보호주의 정책이 커다란 장애물로 작용한 것은 사실이지만, 글로벌 기업들이 현지화 노력을 게을리했던 반면 중국 기업들은 소비자에 대한 깊은 이해를 바탕으로 기술혁신을 거듭했던 점을 간과해서는 안 된다. 미국 전자상거래 업체인 이베이와 아마존의 사례가 대표적이다. 이베이는 2002년 중국 C2C(개인과 개인 간 거래) 선두 업체인 이취왕易趣網을 인수하고 소후

• 보험과 기술의 합성어로 인공지능, 빅데이터 분석 등을 활용해 기존 보험산업을 혁신하는 서비스다.

Sohu, 바이두 등과 독점 광고 계약을 맺으며 한때 시장점유율 90%에 이르기도 했다. 하지만 알리바바가 거래 상대방에 대한 신뢰가 부족한 중국의 실정을 감안해 에스크로 방식을 도입하고, 타오바오의 수수료를 없애는 등 시장 공략에 적극 나서자 이베이의 시장점유율은 급전직하했고 2006년에는 중국 시장에서 완전히 철수했다. 아마존 역시 2004년에 토종 전자상거래 업체인 줘웨왕卓越網을 인수하며 중국 시장에 본격적으로 진출했다. 하지만 현지 소비자들의 눈높이에 맞는 서비스를 내놓지 못하고 가성비와 물류 혁신을 앞세운 토종 전자상거래 플랫폼들과의 경쟁에서 밀리면서 2019년 7월 중국 온라인 사이트 운영을 중단했다. 아마존이 중국 시장에서 성공하지 못한 것은 중국 비즈니스 경험이 전무한 CEO가 사업을 이끌며 현지화에 실패했기 때문이다. 아마존은 중국 소비자의 성향을 고려하지 않은 채 미국에서 하던 것과 거의 유사한 방식으로 쇼핑몰 사이트를 운영했고, 광군제 등 중국인들이 열광하는 할인 이벤트에 소극적으로 참여했다. 제프 베이조스 아마존 CEO 역시 "일본, 독일, 미국 등에서 성공한 방법을 중국에 그대로 적용했지만, 중국 맞춤형 전략이 더 많이 필요했다"고 언급한 바 있다. 미국 IT 기업이 중국에서 고전한 이유와 관련해 리카이푸李開復 전 구글차이나 대표가 분석한 내용도 시사하는 바가 크다. 그는 구글차이나가 글로벌 1위 검색엔진 기업의 중국 지사라는 점에서 경쟁력을 갖추고 있었지만, 현지 시장에 대한 이해 부족과 이에 따른 경쟁력 약화가 중국에서 실패를 초래했다고 평가했다. 검색 기능을 중시하는 미국인들과 달리 중국인들은 하나의 페이지에 다양한 정보가 노출되는 것을 선호하는데, 이를 반영해 서비스를 수정하려고 할 때마다 미국 본사에서 코딩 에러 등을 이유로 심사 기간을 늦췄다는 것이다. 구글차이나가 미국 본사의 마케팅 부서로 전락하고 현지 직원들에게 의사결정 권한도 주어지지 않아 인재 영입 경쟁에서 뒤처진 점도 실패의 원인으로 꼽았다. 그러는 사이 토종 경쟁업체인 바이두는 시장 수요에 신속하게 부응해 기존 서비스를 지속적으로 업그레이드했고 검색서비스 품질 역시 빠르게 개선하면서 시장점유율을 높였다. 글로벌 기업들의 실패 원인을 중국 정부의 보호주의 탓으로만 돌리기엔 이들의 현지화 전략 실패와 중국 기업들의 경쟁력 제고라는 변수를 간과하기 어려운 이유다.

04

차이나 플랫폼 무엇이 다른가

★ 모방에서 혁신으로 진화하는 차이나 플랫폼

글로벌 기업의 반열에 오른 중국 플랫폼 기업들은 대부분 미국 플랫폼 기업의 비즈니스 모델을 모방해 탄생했다. 전자상거래 업체인 알리바바는 아마존을, 검색엔진 업체인 바이두는 구글을, 동영상 스트리밍 업체인 유쿠優酷는 유튜브를, 소셜네트워크서비스 업체인 텐센트와 웨이보는 각각 페이스북과 트위터의 비즈니스 모델을 거의 베끼다시피 했다. 후발 주자로서 기술경쟁력이 뒤처진 상황에서 선진 비즈니스 모델을 거대한 자국 시장에 적용하는 것만으로도 막대한 수익을 얻을 수 있다고 판단했기 때문이다.

하지만 중국 플랫폼 기업들이 미국의 카피캣에 머물렀다면 지금과 같은 성공을 거둘 수 없었을 것이다. 미국 기업들의 비즈니스 모델을 모방하되 자국 소비자들의 특성에 맞는 맞춤형 서비스를 끊임없이 개발한 것은 물론, 서비스 품질을 꾸준히 개선해 사용자들이 더 빠르고 편리하게 이용할 수 있도록 하는 동시에 수익성을 극대화하는 방향으로 진화했다. 더욱이 바이트댄스, 메이퇀뎬핑 등 최근에 등장한 2세대 플랫폼 기업들은 미국 기업들을 모방한 것이 아니다. 한층 업그레이드된 기술력을 바탕으로 소비자들의 서비스 수요를 예측해 애초부터 새로운 비즈니스 모델을 만들어냈으며, 이를 바탕으로 가파른 성장세가 이어지고 있다. 여기서 알 수 있듯이 중국 플랫폼 기업들은 미국 플랫폼 기업들과 비교해 상당히 차별화된 특징이 있다. 이 장에서는 중국 플랫폼 기업들의 세 가지 핵심적인 특징을 살펴볼 것이다. 이를 살펴봐야 향후 중국의 플랫폼 기업들이 어떤 방향으로 발전할 것인지를 가늠할 수 있기 때문이다.

★ 소비자 지향형 플랫폼

중국 플랫폼의 특징을 한마디로 정의하면 '소비자 지향형 플랫폼'이라고 할 수 있다. 다시 말해 중국 플랫폼은 전자상거래, SNS, 핀테크, 공유경제 등 소비자들의 일상생활과 관련된 서비스에 최적화되어 있다. 이들이 제공하는 서비스의 면면을 살펴보면 가히 소비자용 플랫폼계의 끝판왕이라고 부를 수 있을 정도다. 실제로 우리에게 친숙한 대부분의 중국 플랫폼 기업들은 최종 소비자를 대상으로 하는 B2C(기업과 개인 간 거래) 또는 C2C(개인과 개인 간 거래) 비즈니스 모델을 갖고 있다. 예를 들어 2003년 중국에서 인터넷 쇼핑 열풍을 일으키며 알리바바를 지금의 위치에 오르게 만든 타오바오는 C2C 모델이고 타오바오의 짝퉁 판매 논란을 불식시키기 위해 알리바바가 2008년에 만든 티몰은 B2C 모델이다. 금융 사각지대에 놓인 소비자의 수요를 충족하기 위해 탄생한 앤트파이낸셜 역시 B2C 위주의 비즈니스 모델을 갖고 있다.

이처럼 중국 플랫폼은 전자상거래, 핀테크, SNS 등 개인의 소비생활에 초점을 맞춘 서비스들이 주를 이룬다. 전체 온라인 시장에서 전자상거래와 핀테크가 차지하는 비중이 미국 등 다른 국가에 비해 월등히 높은 것도 플랫폼 기업 중 상당수가 소비자 지향형이기 때문이다. 이러한 특성은 벤처캐피털의 투자 패턴에서도 드러난다. 미국 벤처캐피털의 절반 이상이 기업에 서비스를 제공하는 B2B(기업과 기업 간 거래) 스타트업에 투자하고 있는 반면, 중국 벤처캐피털은 소비자 지향형 기업에 집중하고 있는 것이다. 실제로 미국의 유니콘 중 상당수는 기업과 연관된 제조업 가치사슬에 있거나 소프트웨어 제공 업체인 데 반해, 중국 유니콘들은 쇼핑, 식사, 이동 등 일상적인 소비생활과 관련된 경우가 많다.

이와 관련해 매킨지글로벌연구소는 중국 IT 기업들의 디지털 이노베이션이 첨단기술 자체보다는 소비자의 수요에 초점을 맞추고 있다고 지적한 바 있다. 매킨지글로벌연구소가 작성한 〈글로벌 혁신

혁신의 네 가지 유형

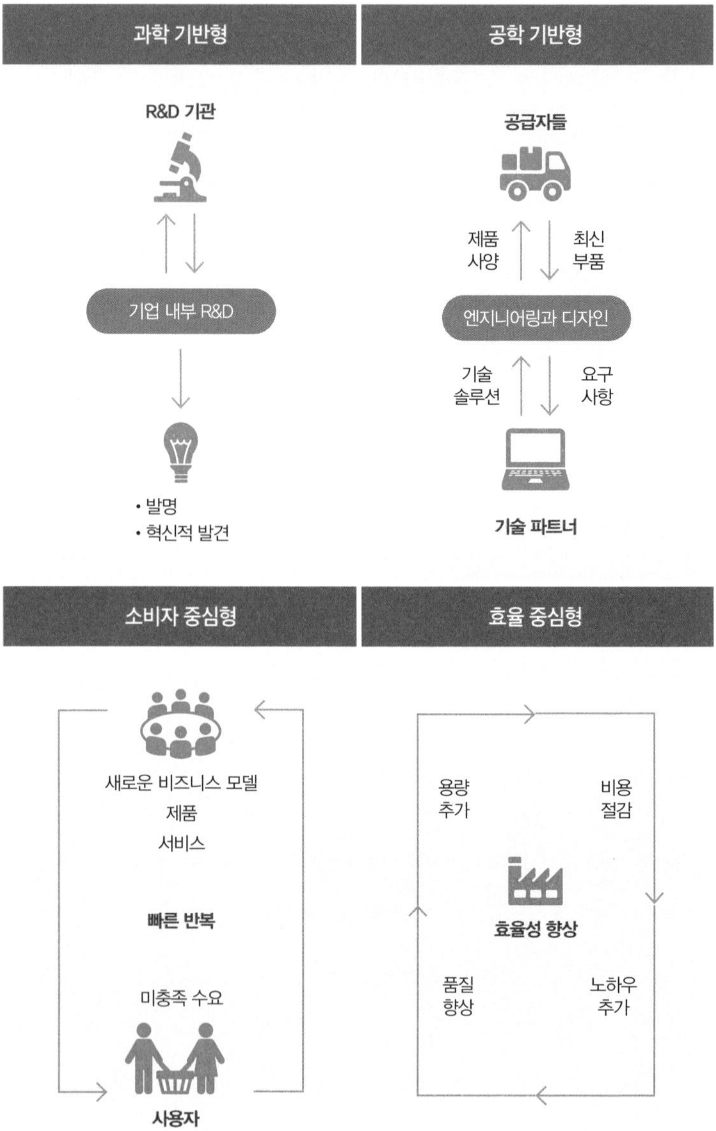

출처: McKinsey Global Institute

에 대한 중국의 영향The China Effect on Global Innovation〉 보고서는 중국의 혁신 역량을 과학 기반형science-based, 공학 기반형Engineering-based, 소비자 중심형customer-focused, 효율 중심형efficiency-driven 네 부문으로 구분해 분석했다. 그리고 이를 바탕으로 중국 기업들은 진입장벽이 높고 장기 투자와 기술 노하우 축적이 필요한 과학 기반형 혁신과 공학 기반형 혁신 부문에서는 아직 글로벌 경쟁력을 갖추지 못한 반면, 소비자의 통점pain point을 찾아내고 이를 개선하기 위한 서비스를 개발하는 소비자 중심형 혁신이나 가치사슬 내 프로세스를 개선해 비용 절감과 품질 향상 등의 효과를 거두는 효율 중심형 혁신 부문에서는 강점을 지닌 것으로 평가했다.

특히 매킨지글로벌연구소는 중국의 방대하고 역동적인 소비시장을 소비자 중심형 혁신을 가능하게 하는 핵심 요인으로 꼽았다. 중국은 미국 다음으로 큰 소비시장을 갖고 있고 소비자들도 새로운 기술과 서비스를 받아들이는 데 적극적인 태도를 지니고 있다. 즉 기업들이 다양한 상품과 서비스를 시장에서 테스트해보기에 안성맞춤인 환경이다. 사소한 아이디어라 하더라도 이를 받아줄 시장만 있으면 기업들은 리스크를 감소하고 새로운 시도를 할 수 있다. 100번 도전해서 실패를 거듭하다 한 번만 성공하면 나머지 99번의 실패를 상쇄할 만큼 큰 수익을 얻을 수 있고, 이후 규모의 경제를 통해 더 큰 성장을 도모할 수 있기 때문이다. 이러한 분석은 중국에서 소비자 지향형 플랫폼이 대세를 이루게 된 배경에도 동일하게 적용된다.

그렇다고 중국 기업들이 소비자 지향형 플랫폼에만 머물러 있는 것은 아니다. 지금까지 쌓아온 기술력과 노하우를 바탕으로 B2B 중심의 산업 인터넷industrial internet으로 진화하고 있다. 구체적으로 인공지능, 5G 등 첨단기술을 통해 제조업, 헬스케어, 물류와 같은 전통 산업의 패러다임을 변화시키고 있다. 이는 중국 경제 전반의 디지털 전환digital transformation을 위한 것으로 전자상거래, 핀테크 등 소비자 지향형 플랫폼이 중국 경제에 미친 영향보다 더 큰 파급효과를 가져올 전망이다. 알리바바가 추진하고 있는 신제조新制造 전략이 대표적이다. 신제조는 인공지능, 사물인터넷, 클라우드 등을 활용해 기존의 대량 표준화 제조 방식을 고객 맞춤형 제조 방식으로 전환하는 것으로 2016년 마윈이 밝힌 신금융, 신유통, 신기술, 신자원 등과 함께 알리바바의 미래 혁신전략 중 하나로 꼽힌다. 현재 중국의 중소 제조업체들은 경기둔화와 노동비용 상승으로 심각한 경영난을 겪고 있는 데다 경쟁 강도마저 갈수록 심화하면서 혼자 힘만으로는 디지털 전환을 하기 어려운 상황이다. 알리바바의 B2B 플랫폼은 이런 기업들이 고객의 선호와 구매 패턴을 파악해 마케팅과 신제품 개발에 활용할 수 있게 할 뿐만 아니라, 제품 생산 주기와 재고관리를 효율화함으로써 생산성 향상에 크게 기여할 것으로 예상된다.

텐센트가 2018년에 대규모 조직개편을 단행하면서 클라우드 및 스마트 사업Cloud & Smart Industries business Group, CSIG 부서를 신설한 것도 산업 인터넷으로 사업 영역을 확장하기 위해서다. CSIG는 클라우드, 스마트 유통, 보안 등 B2B 관련 서비스를 담당하는 부서로 온라인 게임, SNS에 이어 텐센트의 새로운 성장 동력이 될 것으로 예상된다.

실제로 텐센트는 B2B 사업을 위해 과감한 행보를 보이고 있다. 2017년에 인공지능 기반의 공공 클라우드서비스인 스마트 클라우드를 통해 기업들이 디지털 혁신에 나설 수 있도록 자사 데이터와 소스 코드를 개방했고, 2019년에는 전체 투자액의 20%를 B2B 서비스 분야에 투자하며 산업 인터넷의 중요성이 커지고 있음을 반영했다. 이어 2020년 5월에는 향후 5년간 클라우드, 인공지능, 5G 네트워크 등 디지털 인프라에 5,000억 위안(약 84조 원)을 투자할 계획이라고 밝혔다. 한편, 화웨이는 네트워크클라우드엔진Network Cloud Engine, NCE 플랫폼을 통해 기업들이 디지털 트윈•을 구축하고 제품의 생산공정을 실시간으로 모니터링할 수 있게 했다. 중국 정부 역시 이러한 B2B 플랫폼 확산이 제조업 경쟁력 강화와 산업구조 업그레이드에 도움이 된다고 판단하고 과감한 정책적·재정적 지원을 하고 있다.

★ 온라인과 오프라인 결합 플랫폼

중국 플랫폼의 또 다른 특징은 온라인과 오프라인을 결합하는 데 강점이 있다는 것이다. 실제로 중국에서는 전자상거래부터 모빌리티,

---

• 물리적 세계를 디지털과 같은 가상 세계에서 동일하게 구현하는 것을 의미한다. 디지털 트윈 기술을 통해 실제 제품에 적용할 여러 기술들을 가상 세계에서 미리 시뮬레이션할 수 있으며 이를 통해 생산성 향상, 불량률 감소 등의 효과를 얻을 수 있다.

O2O, 공유경제에 이르기까지 간편한 모바일결제를 매개로 온라인과 오프라인을 통합하려는 움직임이 빠르게 진행되고 있다. 온라인 플랫폼 업체들이 오프라인에 공격적으로 투자하고 있으며, 특히 소매 유통 부문에서 온라인 기업이 오프라인 기업을 인수하는 것은 전혀 놀랍지 않은 뉴스가 되어버렸다. 알리바바는 2015년에 중국 최대 전자제품 유통업체인 쑤닝苏宁의 지분 20%를 매입한 이후 싼장쇼핑, 인타이쇼핑•, 롄화마트, 이지홈•• 등 중국 유명 슈퍼마켓과 백화점, 가구업체에 잇따라 투자하며 오프라인 부문으로 사업 영역을 확장했으며, 이제는 아예 온·오프라인의 경계를 허무는 신유통으로 나아가고 있다. 신유통이란 온라인과 오프라인을 통합한 소매에 스마트 물류를 융합시킨 차세대 유통모델로, 첨단 ICT 기술을 활용해 주문, 제품 생산에서 유통, 판매에 이르는 온·오프라인 전 과정을 디지털화하는 것이 핵심이다.

알리바바의 구매, 물류, 마케팅 등을 책임지는 원스톱서비스

• 알리바바는 온·오프라인 통합 전략의 일환으로 2017년 1월에 안타이쇼핑 창업자 선궈쥔瀋國軍과 함께 23억 달러를 들여 인타이쇼핑의 지분을 인수했다. 타오바오, 티몰 등 자사 플랫폼에서 판매되는 브랜드를 오프라인 매장에서 마케팅하고, 인타이쇼핑에 입점한 업체들도 알리바바의 플랫폼에서 자신들의 제품을 판매할 수 있게 한 것이다.

•• 알리바바는 2018년 2월에 중국 2위 가구설비업체인 이지홈의 지분 15%를 54.5억 위안에 매입했다. 223개에 이르는 이지홈 매장에 알리바바의 클라우드서비스인 알리윈阿里雲과 물류 플랫폼을 구축해 서비스를 디지털화하고 온·오프라인 융합 서비스 환경을 구현하기 위해서였다.

플랫폼 링쇼우통零售通이 이를 잘 보여준다. 알리바바는 링쇼우통을 통해 중국 전역에 있는 영세 슈퍼마켓에 알리바바의 디지털 플랫폼을 제공함으로써 슈퍼마켓을 신소매의 경계 안으로 끌어들였다. 영세 슈퍼마켓이 링쇼우통에 가입하면 알리바바의 온라인쇼핑몰인 톈마오天猫 로고가 붙은 간판을 달게 되며 알리바바가 중국 전역에 구축해놓은 물류 체인을 활용해 다양한 제품을 싼 가격에 공급받을 수 있다. 지금껏 영세 슈퍼마켓은 복잡한 유통단계 속에서 고비용, 저효율 구조를 고착화했으며 전자상거래 업체와 대형 오프라인 마트에 밀려 심각한 경영난을 겪어왔는데, 링쇼우통과 결합하면서 첨단 디지털 기술의 혜택을 누릴 수 있게 된 것이다.

특히 링쇼우통은 슈퍼마켓 반경 1km 이내 있는 소비자 빅데이터 분석을 통해 마케팅 솔루션을 제공하면서 슈퍼마켓의 매출 증가와 수익성 개선에 일조하고 있다. 예를 들어 이들 슈퍼마켓의 1km 주변에 아기를 키우는 가정이 많으면 기저귀와 분유 등 영유아 제품을, 애완견을 키우는 소비자가 많으면 강아지 사료를 매장에 배치할 것을 추천해준다. 그리고 점주는 이를 토대로 기존의 주먹구구식 영업에서 벗어나 데이터에 기반한 상품 주문과 재고관리를 할 수 있게 된다. 영세 슈퍼마켓의 수익성도 당연히 좋아질 수밖에 없다.

이처럼 온라인을 넘어 오프라인으로 확장하려고 하는 알리바바와 빅데이터를 활용해 수익성과 경쟁력을 높이고자 하는 영세 슈퍼마켓의 이해관계가 맞아떨어지면서 중국 내 680만 개 슈퍼마켓의 6분의 1에 해당하는 100만 곳 이상의 슈퍼마켓이 링쇼우통에 가입

▌미·중 GMV 또는 트래픽 기반 시장점유율

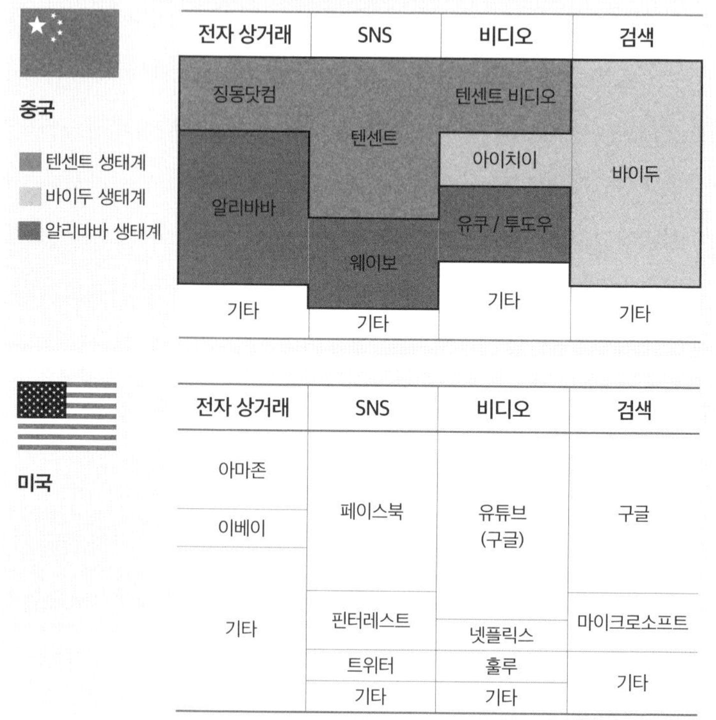

출처: Boston Consulting Group

했다. 침몰하던 영세 슈퍼마켓이 첨단 IT 기술로 무장한 디지털 플랫폼과 만나면서 새로운 블루오션으로 재탄생한 것이다. 우리나라와 달리 중국에서 대형 유통업체들이 영세 자영업자를 위협한다는 얘기가 상대적으로 덜 나오는 것도 이것과 무관치 않다.

그렇다면 왜 중국의 온라인 플랫폼 업체들은 오프라인에 적극적으로 진출할까? 우선 인터넷 사용자 증가율과 전자상거래 시장의 성장 속도가 둔화하는 상황에서 새로운 돌파구를 마련하기 위해서다. 중국의 전자상거래 비중이 세계 최고 수준인 것은 사실이지만 여전히 오프라인이 전체 소매 판매의 75%를 차지하고 있다. 오프라인 시장을 공략하지 않고는 제2의 도약이 어려운 상황이다. 또한 온라인 플랫폼은 오프라인에 진출함으로써 오프라인 시장만이 제공 가능한 효용도 누릴 수 있게 된다. 즉 온라인 플랫폼에서 취급하기 어려웠던 신선식품과 음식료품을 판매할 수 있게 되는 것은 물론 구매빈도 증가로 가입자당 평균 거래금액이 증가할 가능성이 커진다.

중국의 온라인 시장은 소수 플랫폼 업체들이 장악하고 있는 반면, 오프라인 시장은 지배적인 업체가 없고 자체 플랫폼을 갖추기 어려운 상황이라는 점도 온라인 플랫폼의 오프라인 침투를 용이하게 만드는 요인이다. 앞의 표에서처럼 중국은 전자상거래, SNS, 동영상 비디오, 검색 등 주요 온라인 시장을 소수의 초대형 IT 기업, 즉 BAT(바이두, 알리바바, 텐센트)가 장악하고 있다. 각각의 영역에서 다양한 기업들이 선두를 차지하고 있는 미국 시장과는 대조적인 모습이다. 이처럼 주요 온라인 시장을 장악하고 있는 소수의 중국 업체들은 자사 플랫폼에서 확보한 고객기반 데이터와 첨단 IT 기술력, 그리고 막강한 자본력을 내세워 오프라인 시장에 적극적으로 진출하고 있다. 더욱이 중국과 같이 광대한 국토를 지닌 시장에서 오프라인 사업을 하려면 엄청난 규모의 고정자산과 네트워크가 필요한데 이는 중소기업이 감당할 수 없기 때문에 결국 거대 플랫폼 업체들이 시장 주도권을 갖게 된다.

대표적인 예로 전자상거래 시장을 살펴보자. 앞서 설명했듯이 중국의 경우 다른 나라들과 달리 전자상거래 시장과 오프라인 소매시장이 동시에 성장했기 때문에 온라인 플랫폼의 진격을 막을 수 있을 만큼 강력한 대형 오프라인 소매업체가 사실상 없었다. 백화점, 쇼핑몰과 같은 현대적인 소매업태가 도입된 지 얼마 되지 않았기 때문에 유통시장은 성숙하지 않았고 지역 간 격차도 컸다. 이 때문에 신규 온라인 플랫폼의 진입장벽은 낮았고, 오프라인 유통업체의 저항도 크지 않았던 것이다. 미국이나 한국처럼 온라인과 오프라인 간 경쟁 구도가 형성되기보다는 이미 승기를 잡은 전자상거래 업체들이 얼마나 빠르게 오프라인 시장을 장악하느냐의 문제였다.

실제로 미국의 경우 소매 판매 시장점유율 상위 3개 업체 가운데 아마존을 제외하면 모두 월마트, 코스트코 등 오프라인 업체이지만, 중국의 경우 알리바바, 징동닷컴, 핀둬둬와 같은 상위 3개 업체가 모두 전자상거래 업체다. 또한 미국의 대형 오프라인 업체들이 자체적인 온라인 쇼핑몰을 보유하고 있는 반면, 중국의 대형 오프라인 업체들은 자사 제품을 알리바바의 티몰에 입점시켜 판매하고 있다. 자본력과 기술력이 부족한 중소 오프라인 업체들의 경우 아예 알리바바나 텐센트의 생태계에 편입되어 생존하는 방안을 모색하고 있다. 이런 상황에서 중국의 주요 온라인 플랫폼 업체들은 오프라인 유통업체들을 닥치는 대로 사들이고 있다. 그 결과 2015년부터 2018년까지 중국에서 상위 5개 전자상거래 기업이 오프라인 유통업체에 투자한 건수는 미국의 15배에 이르고, 이렇게 투자받은 오프라인 유통업체의 매출도 미국보다 6.3배나 많다.

게다가 중국은 모바일결제 및 물류 인프라가 잘 갖춰져 있고 신기술에 대한 소비자 수용도가 높아 전 세계에서 오프라인의 디지털 전환 속도가 가장 빠르게 이뤄지고 있다. 특히 알리페이와 위챗페이 등 모바일결제 시스템은 중국을 무현금 사회로 변모시키는 동시에 신유통으로 대변되는 유통혁명의 일등 공신으로 작용했다. 중국 소비자들은 끊임없이 새로운 것을 경험하기를 기대하고 개인정보 보호에 대한 인식이 낮기 때문에 온라인과 오프라인 간 경계가 쉽게 허물어졌다. 온라인과 오프라인의 출발선이 동일했기 때문에 한국과 달리 유통산업의 상생에 대한 문제의식이 거의 없었던 점도 영향을 미쳤다. 온라인 플랫폼 기업이 주도하는 유통혁명은 합리적인 가격과 더 나은 서비스를 원하는 소비자에게는 분명 이익이지만, 기존 오프라인 기업과 외국계 대형 유통업체들에는 커다란 위협이 될 수밖에 없다. 프랑스 최대 유통업체인 까르푸, 미국 아마존, 미국 대형백화점 체인 메이시스 등 기라성 같은 글로벌 유통업체들이 잇따라 중국에서 사업을 철수한 것은 그만큼 중국 유통시장의 경쟁력이 높아졌음을 다시 한번 확인시켜주는 것이다.

★ 하이퍼 플랫폼, 플랫폼의 플랫폼

중국 플랫폼 시장은 알리바바 진영과 텐센트 진영으로 양분되어 있다고 해도 과언이 아니다. 중국 IT 산업의 양대 산맥으로 불리는 알리바바와 텐센트는 전자상거래, 결제, 엔터테인먼트 등 광범위한 분야에서 경쟁해왔고 지금도 막강한 자본력을 바탕으로 수많은 회사를 흡수합병하고 있다. 처음에는 각자 다른 영역에서 출발했지만 시간이 갈수록 사업 영역이 겹치게 되면서 산업 생태계의 주도권을 확보하기 위해 치열한 각축전을 펼치고 있다. 알리바바는 전자상거래 업체에서 출발해 IT 공룡으로 성장했고, 텐센트는 SNS, 게임 부문에서 확보한 고객 데이터를 기반으로 몸집을 불렸다. 이후 알리바바는 제3자 결제 서비스인 알리페이를 바탕으로 핀테크 산업을 주도하는 동시에 물류, O2O, 클라우드와 같은 시장에서도 확고한 지위를 유지하고 있다. 이에 텐센트는 위챗페이를 앞세워 알리바바가 장악한 결제 시장을 잠식해나갔고, 대규모 투자를 바탕으로 공유경제, 엔터테인먼트, 유통 등에서 맹활약하고 있다. 이처럼 양사가 공격적인 사업 영역 확장과 M&A에 나선 결과, 이제는 경쟁하지 않는 분야가 없을 만큼 다양한 영역에서 라이벌 구도를 형성하고 있다.

사정이 이렇다 보니 알리바바와 텐센트는 플랫폼의 플랫폼인 하이퍼 플랫폼hyper platform으로써 막강한 영향력을 행사하고 있다. 중국에서 활동하는 IT 및 플랫폼 기업들은 알리바바나 텐센트 플랫폼 중 한 곳에 속하거나 이들로부터 투자를 받지 않으면 해당 부문에서 유의미한 성장을 하지 못하거나 최악의 경우 생존조차 장담하기 어려울 정도다. 알리바바, 텐센트의 기술력과 자금력이 압도적인 상황에서 IT 및 플랫폼 기업은 거대 IT 공룡들과 경쟁하기보다 협력하는 것이 합리적이며, 이는 중국에서 알리바바 진영과 텐센트 진영 간 양강 구도를 강화하는 힘으로 작용하고 있다. 이렇다 보니 중국 소비자들의 일상생활도 거대 기업들과 깊숙이 연결되어 있다. 중국에서 알리바바와 텐센트의 플랫폼 없이는 일상생활이 불가능하다고 해도 과언이 아니다. 이 두 회사는 자사 플랫폼에서 수집한 빅데이터를 활용해 다양하고 고객 친화적인 서비스를 제공하며 플랫폼 생태계를 확장하고 있다. 주목해야 할 것은 양대 IT 공룡 기업들이 혁신적인 플랫폼 기업 육성을 지원하는 벤처캐피털 역할을 하고 있다는 점이다. 디디추싱, 핀둬둬, 모바이크 등 중국의 2세대 플랫폼 기업 중 상당수가 알리바바와 텐센트의 투자를 받았다. 특히 이들 IT 공룡들은 단순히 자금만 투자하는 것이 아니라 피투자회사가 이들이 보유한 거대한 고객 기반에 접근할 수 있는 길을 열어준다. 그리고 자사

중국 모바일결제 시장점유율(2018년 기준)

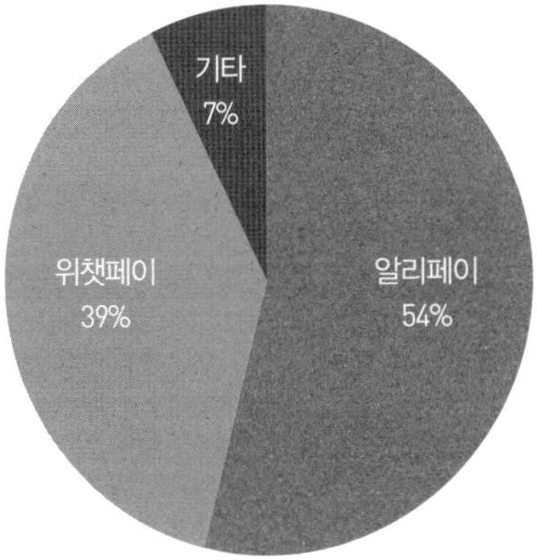

출처: iResearch

플랫폼이 보유한 결제, 본인 인증 기반을 피투자회사가 활용할 수 있게 함으로써 플랫폼 구축과 디지털 혁신이 용이한 환경을 만든다. 이처럼 신생 플랫폼 기업이 알리바바, 텐센트의 지원을 받게 되면 마치 거인의 어깨 위에 올라선 것처럼 초고속으로 사업을 확장하거나 수익성을 확보하는 것이 가능해진다. 알리바바, 텐센트와 같은 B2C, C2C 사업의 끝판왕들이 자사의 플랫폼을 개방해 혁신기업이 성장할 수 있는 인큐베이터 역할을 하는 것이다. 플랫폼이 플랫폼을 낳는 선순환 구조라 할 수 있다. 앞서 언급한 것처럼 중국 플랫폼 기업들이 소비자 지향적인 특징을 갖고 있는 것도 이러한 구조적 요인이 크게 작용한 것이다.

여기서 핵심은 결제 시스템이다. 중국에서는 전자상거래, 음식배달부터 차량 호출, 자전거 공유에 이르기까지 거의 모든 서비스가 모바일결제를 통해 이뤄진다. 대부분의 플랫폼 회사들이 소비자 편의성과 저렴한 수수료 등을 이유로 자사 서비스를 알리페이와 위챗페이의 결제 시스템에 연동하고 있기 때문이다. 이에 알리페이와 위챗페이는 중국 모바일결제 시장에서 90% 이상의 절대적인 점유율을 차지하고 있다.

업종의 경계를 넘어 형성된 플랫폼 생태계에는 방대한 데이터가 축적되고 있다. 이러한 데이터는 인공지능, 클라우드 등 4차 산업혁명 기술과 맞물려 사업 영역을 확장하는 데 활용된다. 사실 이것이 중국 IT 기업 경쟁력의 전부라고 해도 과언이 아니다. 중국이 자체적으로 개발한 첨단기술은 많지 않지만 중국 기업들은 업종의 경계를

중국 전자상거래의 다크호스로 급부상한 핀둬둬는 최대 강자인 알리바바마저 위협하는 온라인 커머스로 떠오르고 있다. 핀둬둬의 성공 비결은 공동구매와 소득이 낮은 3선 도시를 집중 공략한 데 있다.

넘나들며 수평적으로 확장하는 데 능하고, 여기서 포착한 기회를 비즈니스로 연결해내는 감각과 역량은 타의 추종을 불허한다.

하이퍼 플랫폼을 이용해 거대 플랫폼으로 성장한 대표적인 기업으로 핀둬둬를 꼽을 수 있다. 2018년 7월 미국 나스닥에 상장한 핀둬둬는 구글 엔지니어 출신인 황정이 2015년에 설립한 전자상거래 업체로, 단기간에 징동닷컴의 연간 활성 사용자 수를 넘어서며 중국 2위 전자상거래 플랫폼으로 급부상했다. 핀둬둬가 알리바바의 타오바오나 징동닷컴보다 후발 주자임에도 이렇게 빨리 성장할 수 있었던 것은 3선 이하 지방 도시를 공략한 전략이 적중했기 때문이기도 하지만, 무엇보다 텐센트(핀둬둬의 지분 17% 보유)의 SNS 플랫폼을 활용한 공동구매 방식을 도입했기 때문이다. 가성비 높은 상품을 대량으로 확보해 구매자들을 끌어들이는 한편, 위챗 메신저를 통해 친구와 함께 물건을 구매하면 가격을 할인해준 점이 주효했다.

이 같은 전략은 핀둬둬의 회사명과도 관련이 있다. 핀둬둬의 핀拼은 '모으다', 둬둬多多는 '많이'라는 뜻이다. 일반적으로 전자상거래 플랫폼에서 판매하는 제품 가격의 30%는 마케팅 비용에 해당하는데 공동구매를 통해 이 비용을 절감해 가격경쟁력을 높인 것이다. 100위안짜리 상품을 A라는 소비자가 혼자 구매하면 100위안을 전부 내야 하지만, 위챗을 통해 가족, 친구 등 공동구매자를 많이 모을수록 구매가격이 내려가는 방식이다. 핀둬둬의 고객 확보 비용이 알리바바의 타오바오나 징둥닷컴에 비해 크게 낮은 것도 이 때문이다. 또한 핀둬둬는 인공지능 기술을 활용해 사용자 취향을 분석하고 상품을 큐레이션해 고객 맞춤형 서비스를 제공함으로써 운영 비용을 크게 낮췄다.

이처럼 핀둬둬가 고속 성장할 수 있었던 것은 텐센트라는 플랫폼 거인의 어깨 위에 올라탔기 때문이다. 핀둬둬의 핵심 경쟁력인 공동구매를 위해선 11억 명이 사용하는 위챗의 네트워크가 필수다. 위챗과 QQ로 고객을 끌어모으고 위챗 공식 계정과 미니 프로그램에서 앱 접속을 유도한 뒤 위챗페이로 결제하도록 하는 핀둬둬의 영업 방식은 텐센트 플랫폼을 100% 활용한 것이다. 전자상거래 분야에서 알리바바에 뒤처진 텐센트 입장에서도 알리바바의 확장에 대응하고 위챗 생태계를 강화하기 위해선 핀둬둬와의 협력이 필요하다. 이에 알리바바는 핀둬둬를 견제하기 위해 '핀퇀拼团'이라는 공동구매 플랫폼을 출시했지만, 자체적인 소셜 네트워크가 부재한 탓에 아직 가시적인 성과는 거두지 못하고 있다.

★ 중국 최대 종합 생활 서비스 플랫폼

메이퇀뎬핑은 중국 플랫폼의 특성을 잘 보여주는 또 다른 사례다. 2010년에 창업자이자 CEO인 왕싱王興이 미국의 소셜커머스 업체인 그루폰Groupon을 벤치마킹해 설립한 메이퇀뎬핑은 이후 지속적인 M&A 및 외연 확장을 통해 중국 최대 종합 생활 서비스 플랫폼이 됐다. 특히 메이퇀뎬핑은 2015년에 음식배달 업체인 다종뎬핑大众点评과 음식점 리뷰 업체인 메이퇀왕美团网이 합병하면서 본격적으로 몸집을 키웠다. 지금은 산하에 많은 플랫폼을 거느리며 음식 배달, 영화표 예매에서부터 차량 공유, 호텔 예약에 이르는 200여 종의 생활 서비스를 제공하는 거대 O2O 채널로 자리 잡았다. 무엇보다 이 과정에서도 최대 주주인 텐센트가 위챗, 위챗페이 등 자사의 플랫폼을 활용할 수 있게 하면서 메이퇀뎬핑이 급성장할 수 있었다. 이에 2018년 9월 홍콩 증시에 상장한 메이퇀뎬핑은 시가총액 3위의 중국 IT 기업이 되며 투자자들에게 큰 이익을 안겨줬다. 최근 중국에서 기존 IT 공룡인 BAT에 도전하는 신흥 강자로 TMD가 주목받고 있는데, 이는 AI 뉴스 앱인 터우탸오Toutiao, 메이퇀뎬핑Meituandianping, 차량 공유 앱 디

슈퍼앱으로 진화한 메이퇀뎬핑

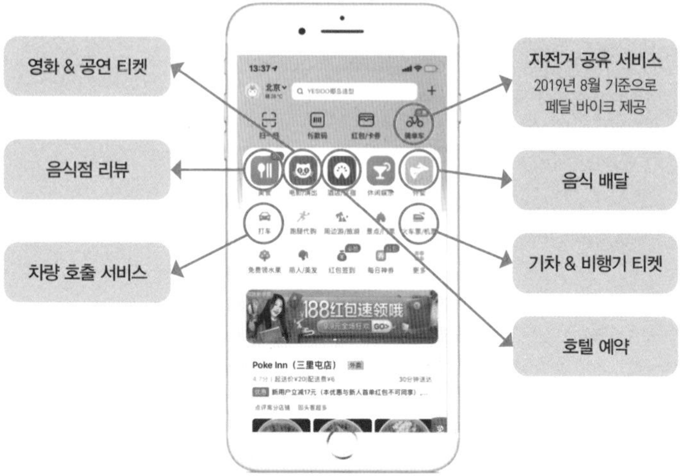

출처: CGVCAPITAL

디추싱Didichuxing의 앞글자를 딴 약자다. 알리바바가 전자상거래를 통해 유형의 상품 시장을 장악했던 것처럼, 메이퇀뎬핑은 O2O 플랫폼을 통해 무형의 서비스 시장을 장악함으로써 새로운 강자로 급부상한 것이다.

메이퇀뎬핑의 핵심 경쟁력은 하나의 앱으로 모든 서비스를 이용할 수 있다는 점이다. 여러 서비스를 동시에 제공하는 슈퍼앱을 선호하는 중국 소비자에게 메이퇀뎬핑은 최적의 플랫폼이라 할 수 있다. 미국의 주요 플랫폼 기업들도 슈퍼앱으로 진화하고자 하지만 개인정보 보호와 독점금지법 등 각종 제약에 가로막혀 있어 현실적으로 쉽지 않은 상황이다. 반면 메이퇀뎬핑의 경우 다양한 서비스들이 슈퍼앱 형태로 강하게 결합되어 있어 이용자가 한 서비스에서 다른 서비스로 쉽게 넘어갈 수 있다. 이처럼 끊김 없는 고객 경험seamless user experience을 제공하고 이용자들을 해당 플랫폼에 더 오래 머무르게 함으로써 추가적인 매출을 올릴 수 있으며, 고객 확보 비용이 낮아져 수익성이 개선되는 효과를 거둘 수 있다.

실제로 메이톤덴핑의 주력 사업 부문인 음식 배달 서비스를 통해 유입된 고객의 절반 이상이 매장 내 식사, 호텔 및 여행 예약 등 플랫폼 내 다른 서비스를 이용하는 것으로 나타났다. 이 때문에 매장·호텔·여행 부문의 매출 총이익률GPM이 90%에 육박하며 음식 배달 부문보다 수익률이 훨씬 높다. 음식 배달 서비스로 만들어진 사용자 트래픽이 매장·호텔·여행 부문으로 자연스럽게 넘어가면서 수

▌메이톤덴핑 부문별 매출 총이익률(2018년~2019년 기준)

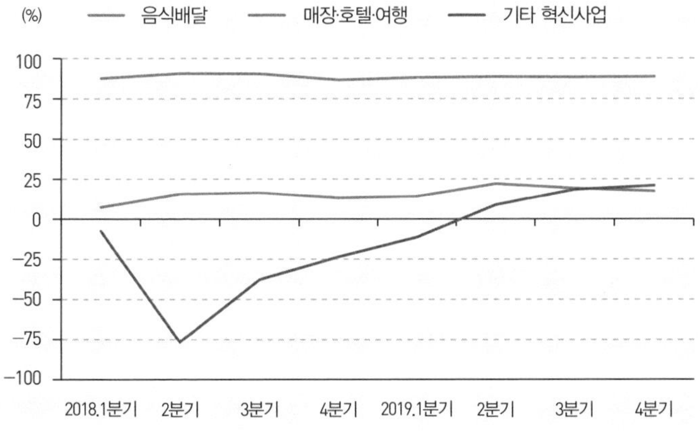

출처: 美团点评

익성을 개선시키는 요인으로 작용한 것이다. 2019년 기준으로 전체 매출에서 음식 배달 부문이 차지하는 비중은 56%로 가장 높지만 매출 총이익 면에서는 매장·호텔·여행 부문이 61%로 더 높은 이유다. 이처럼 높은 수익성을 무기로 메이퇀뎬핑은 온라인 호텔 예약 부문에서 씨트립C-trip과 함께 중국을 대표하는 여행 예약 업체로 급부상했다. 공격적인 투자를 통해 중국 내 음식 배달 시장에서 과점적 지위를 구축한 메이퇀뎬핑이 다른 부문에서도 트래픽이 증가하고 수익성이 개선되는 선순환 구조가 이어졌다. 메이퇀뎬핑의 성장전략은 여기서 그치지 않는다. 최근에는 클라우드서비스 부문에 공격적으로 투자하며 산업 인터넷으로도 사업 영역을 확대하고 있다. 이처럼 메이퇀뎬핑은 중국 플랫폼 기업이 어떻게 사업 영역을 유기적으로 확장하는지, 그리고 그 과정에서 수익성을 확보할 수 있는지를 보여주는 좋은 본보기라고 할 수 있다.

05

최첨단기술이 주도하는 플랫폼 굴기

★ 4차 산업혁명의 두뇌, 인공지능

21세기 들어 플랫폼 사업이 테크 자이언트가 되고자 하는 기업들의 핵심 성장 동력으로 자리 잡았지만, 사실 플랫폼은 오래전부터 사람들에게 친숙한 비즈니스 모델이었다. 기차역이나 버스 터미널처럼 사람과 물건이 오가는 물리적인 장소는 물론 취업 포털 사이트나 중고 거래 사이트 역시 플랫폼에 해당한다. 그럼에도 최근 들어 플랫폼 비즈니스 모델이 테크 자이언트로 도약하기 위한 관문처럼 인식될 만큼 영향력이 커진 것은 최첨단기술의 발달로 디지털 플랫폼 내에서 사용자들이 빠르고 안전하게 거래할 수 있게 됐기 때문이다. 초고속 인터넷망은 전 세계 이용자를 한자리에 모았고 스마트폰 등 모바일 기기와 간편결제 시스템의 확산은 플랫폼 내 상거래를 활성화시켰다. 클라우드 컴퓨팅과 인공지능 기술은 플랫폼의 대용량 데이터를 효율적으로 분석 및 처리하는 데 핵심적인 역할을 했다. 최근 플랫폼 굴기를 보여주고 있는 중국도 마찬가지다. 중국의 테크 자이언트들이 플랫폼 비즈니스를 이토록 확장시킬 수 있었던 것 역시 최첨단기술을 적극적으로 도입해 활용했기 때문이다.

4차 산업혁명이 진행될수록 산업 간 경계가 모호해지면서 이를 관통하는 플랫폼의 중요성이 커지고 있다. 플랫폼 비즈니스의 영향력이 큰 이유는 플랫폼을 매개로 상품과 서비스를 생산·소비하는 수많은 참여자가 상호작용하며 막대한 부가가치를 창출하기 때문이다. 특히 이 과정에서 축적되는 데이터는 부가가치의 원천이라고 할 수 있다. 데이터가 많을수록 구현할 수 있는 서비스의 양과 질이 달라진다. 다만 이러한 데이터는 너무나 방대할 뿐만 아니라 정형화되어 있지 않기 때문에 그 자체만으로는 어떤 맥락을 읽어내기가 어렵다. 따라서 데이터 속에 감춰진 패턴과 의미를 파악하고 이를 효율적으로 활용해 소비자들에게 최적화된 서비스를 제공할 수 있는지 여부가 중요해진다. 그리고 이러한 서비스의 경쟁력을 결정하는 것이 다름 아닌 인공지능이다.

알리바바, 텐센트, 바이두 등 중국의 IT 산업을 선도하는 기업들은 AI를 4차 산업혁명 시대의 승패를 좌우할 핵심 기술로 인식하고 관련 투자를 확대하고 있다. 마윈 알리바바 전 회장은 인공지능Artificial Intelligence의 약자인 AI를 알리바바 인텔리전스Alibaba Intelligence의

줄임말로 재정의해야 한다고 말하기도 했다. 또한 중국 정부가 AI를 국가전략산업으로 지정하고, 민간기업들의 R&D 성과가 축적되면서 AI는 전자상거래, 로봇, 금융뿐 아니라 스마트홈, 의료, 교육, 자율주행 등 다양한 분야로 빠르게 확대 적용되고 있다. 4차 산업혁명의 핵심인 인공지능 분야에서 중국의 굴기가 본격화하고 있는 것이다. 이에 글로벌 AI 시장 주도권을 둘러싼 미국과 중국의 각축전도 갈수록 치열해지고 있다.

양적인 측면에서 중국의 AI 산업은 이미 미국을 넘어섰다. 2017년 말 기준으로 중국의 AI 분야 투자·융자 규모는 전 세계의 70.1%인 277억 달러를 기록하며 미국을 앞섰다. 또한 이러한 적극적인 투자에 힘입어 중국은 최근 20년간(1997~2017년) 글로벌 AI 관련 누적 특허출원 건수에서 미국을 넘어섰고, AI 관련 세계 피인용 상위 1% 논문Highly Cited Paper, HCP 건수 역시 세계 1위를 차지했다.

물론 고도화된 알고리즘이나 컴퓨팅 하드웨어와 같은 AI 핵심 분야에서 미국이 여전히 우위에 있는 것은 부인할 수 없는 사실이다. 미국은 우수한 AI 인재와 기술력을 바탕으로 머신러닝과 자연어 처리 등에서 가장 우수한 기술력을 지닌 선두 기업들을 보유하고 있고, AI 산업 생태계도 중국보다 더 잘 구축돼 있다.

하지만 중국은 공격적인 투자와 빅데이터 경쟁력을 앞세워 양국 간 격차를 빠르게 좁히고 있으며, 특히 안면 인식과 음성 인식, AI 번역 분야에서 글로벌 트렌드를 주도하는 모습을 보이고 있다. 바이두가 2019년 말 열린 자연어 이해 평가General Language Understanding Evaluation,

GLUE• 대회에서 마이크로소프트, 구글 등을 제치고 세계 1위를 차지한 것이 대표적이다. 이와 관련해 미국의 데이터 혁신 센터Center for Data Innovation는 〈AI 경쟁에서 누가 이기고 있나Who is winning the AI race〉라는 보고서에서 현재 글로벌 인공지능 산업을 주도하고 있는 것은 미국이지만 중국이 막강한 자금력과 데이터 경쟁력을 바탕으로 미국과의 격차를 빠르게 줄여가고 있다고 분석한 바 있다.

마찬가지로 글로벌 AI 스타트업 시장에서도 중국 기업들이 약진하고 있다. 전 세계 AI 스타트업 관련 투자의 절반가량이 중국으로 몰리는 것도 이 때문이다. 중국 AI 스타트업인 센스타임은 안면 인식 분야의 최강자로 주목받으며 설립 5년 만에 세계에서 가장 큰 AI 기업으로 부상했다. 또 다른 AI 스타트업인 이투커지依圖科技와 메그비 역시 안면 인식과 딥러닝 분야에서 탁월한 기술력을 선보이며 중국을 넘어 글로벌 시장 진출에 속도를 내고 있다.

이러한 움직임 뒤에는 첨단산업 육성을 통해 경제구조를 업그레이드하려는 중국 정부의 전략이 자리 잡고 있다. 중국 정부는 2017년 7월에 발표한 '차세대 인공지능 발전규획'을 통해 2030년까지 인공지능 부문에서 글로벌 1위 강국이 되겠다는 목표를 제시했다. 여기에는 2020년까지 AI 기술 지원과 서비스 체계를 확립하고 2025년까지 스마트시티·스마트의료 등 분야에 AI 산업을 연계시킨

• AI가 인간의 언어를 얼마나 잘 이해하고 있는지를 평가하는 대회로, AI 분야 언어 이해 능력을 측정하는 벤치마크로 활용된다.

다음 2030년까지 중국의 인공지능 시장을 1조 위안(약 169조 원) 규모로 키우겠다는 내용이 담겨 있다. 중국 정부가 중국제조 2025, 인터넷플러스 등 이전에도 다양한 산업 정책을 발표했지만, 이렇게 이른 시일 안에 글로벌 1위 자리를 차지하겠다는 명시적인 계획을 밝힌 것은 AI 분야가 유일하다. 이는 산업구조 업그레이드와 기술혁신 과정에서 AI가 얼마나 중요한지에 대해 중국 정부가 충분히 인식하고 있을 뿐만 아니라 해당 목표를 달성할 자신이 있다는 것을 나타낸다.

여기에 더해 중국 정부는 직접 'AI 국가대표팀'을 선정해 민관 합작으로 AI 산업 육성에 나서고 있다. 글로벌 선두를 지향하는 다른 산업 분야와 마찬가지로 AI 레이스에서 중국 정부는 심판이 아닌 선수로 직접 뛰고 있는 것이다. 예를 들어 2017년에 중국 정부는 알리바바, 텐센트, 바이두, 아이플라이텍 등 4개 기업을 분야별 AI 국가대표로 선정했다. 이후 센스타임, 화웨이, 하이크비전海康威视, 메그비, 샤오미, 징동닷컴, 평안보험 등 총 10개 기업을 차세대 AI 혁신을 이끌어갈 대표 기업으로 지정했다. 실제로 알리바바는 인구 980만 도시 항저우杭州에 인공지능 기반의 도시교통 관리 시스템인 시티 브레인城市大脑을 개발해 교통체증을 15%나 줄였고, 바이두는 자율주행차 중심의 'All in AI' 전략을 통해 자율주행 플랫폼인 아폴로Apollo와 음성인식 시스템인 듀어OSDuerOS를 개발했다.

중국의 AI 산업이 이처럼 빠르게 성장하는 원동력은 무엇일까? 우선 중국은 AI의 핵심 연료라고 할 수 있는 데이터를 확보하기에 매우 유리한 조건을 지니고 있다. 중국 플랫폼 경제의 확산에 따라 디지털 데이터가 기하급수적으로 늘어나고 있기 때문이다. AI 알고리즘의 예측 정확성과 정교함은 데이터가 얼마나 많고 다양한지에 좌우된다. 14억 명에 이르는 거대한 소비자층이 모바일을 통해 쉼 없이 검색과 쇼핑을 하는 중국에서는 지구상 어떤 국가와도 비교할 수 없을 정도로 방대한 빅데이터가 생성되고 있다.

단적인 예로 텐센트의 위챗은 11억 명이 넘는 유저를 보유하고 있으며, 알리바바 역시 6억 명이 넘는 고객 데이터를 가지고 있다. 중국 최대 공유 자동차 업체인 디디추싱의 경우 5억 5,000만 명의 사용자가 등록되어 있고, 일평균 매칭 건수는 3,000만 건에 이른다. 소비자들이 누구와 메시지를 주고받으며 생활 패턴은 어떤지, 무엇에 관심이 있고 어떤 것을 주로 구매하는지에 관한 빅데이터가 실시간으로 수집·가공되고 있다. 중국 벤처업계의 거물인 리카이푸 전 구글차이나 대표가 지적했듯이 소수의 천재에 의한 첨단기술 개발이 중요했던 발견의 시대Age of Discovery가 저물고 축적된 방대한 데이터를 활용해 현실에 적용하는 것이 중요해진 실행의 시대Age of Implementation가 도래하면서 데이터 수집에서 압도적인 강점을 지닌 중국 AI 산업의 경쟁력이 부각되고 있는 것이다.

더욱이 이처럼 분야별로 축적된 방대한 데이터가 소수의 대형 IT 회사에 몰려 있다는 점은 중국의 비교우위를 한층 강화한다. BAT는 전자상거래, SNS, 게임뿐 아니라 금융, 엔터테인먼트, O2O, 교육, 의료 등 거의 모든 분야에 진출해 있다. 소수의 회사가 플랫폼과 관련된 거의 모든 영역에서 이처럼 막강한 영향력을 행사하고 있는 국가는 중국이 거의 유일하다고 할 수 있다. 미국만 하더라도 개인정보 보호법과 반독점법 때문에 대형 IT 기업이 중국처럼 사업 영역을 확장하는 것이 상당히 어렵다. 게다가 중국 정부 입장에서도 소수의 대형 IT 업체가 플랫폼 경제를 장악하고 있어야 통제하기 쉽기 때문에 이러한 독점 구조를 사실상 용인하고 있다.

중국에서 AI 산업이 발전한 또 다른 이유는 데이터 라벨링data labeling 작업을 수행할 수 있는 값싸고 풍부한 노동력이 있기 때문이다. 지난 10여 년간 중국의 인건비가 크게 오르며 제조업 경쟁력이 약화한 것은 사실이지만, 중국의 인건비 수준은 AI 주도권 경쟁을 펼치고 있는 미국 등 선진국에 비해 여전히 훨씬 낮다. 인공지능이 머신러닝을 통해 학습하려면 입력되는 사진이나 동영상 데이터에 우선 사람이 일일이 이름을 달아주고 이미지를 분류해야 한다. 아무리 많은 데이터가 축적되어 있어도 사람이 분류해 태그를 달아주지 않으면 의미 있는 결과물을 추출하기 어렵기 때문이다. 데이터 라벨링이 인공지능 산업의 근간이라고 불리는 이유다. 중국의 데이터 라벨링 업체들은 베이징, 상하이 등 대도시가 아닌 허난河南성과 같은 농촌 지역에 위치해 있으며, 이들은 모두 중국의 선두권 인공지능 업체들과 거래하고 있다. 이와 관련해 중국을 대표하는 인공지능 업체인 메그비의 경우 지난 3년 반 동안 데이터 라벨링 작업에 2억 1,800만 위안(약 368억 원)을 지출한 것으로 나타났다. 알리바바의 타오바오가 이미지 기반의 상품 검색과 같은 강력한 머신러닝 모델을 구축할 수 있었던 것도 중국 데이터 라벨링의 경쟁력이 뒷받침됐기 때문이다.

이를 통해 소비자들은 쇼윈도에 전시된 패션 아이템을 카메라로 찍는 것만으로도 브랜드와 가격 확인에서부터 구매까지 끊김 없는 쇼핑 경험을 할 수 있게 됐다.

중국의 데이터 경쟁력은 단순히 양적인 측면에만 국한되지 않는다. 중국 IT 기업들은 사생활 침해나 반독점 규제에 관대한 환경 속에서 14억 인구가 쏟아내는 방대한 데이터를 축적하고 분석할 수 있다. EU에서 시행된 '일반 개인정보 보호법General Data Protection Regulation, GDPR'에서 보듯이 개인정보 보호에 엄격한 서방에서는 상상하기 어려운 일이다. 미국과 유럽의 기업들이 이름, 사회보장번호 등 민감한 정보를 제거해 비식별화된 정보만 활용할 수 있는 반면, 중국 기업들은 거의 모든 원자료raw data를 확보해 분석하는 것이 가능하다. 권투 경기에 비유하자면 미국·유럽 기업들은 손발이 묶인 채로 자유롭게 활보하는 중국 기업들과 맞대결하는 셈이다. 이에 미국과 유럽에서는 IT뿐 아니라 금융, 유전자 등 핵심 분야에서 중국에 AI 주도권을 빼앗기는 것 아니냐는 우려가 커지고 있다.

중국 정부는 AI 산업을 육성하기 위해 중장기 계획을 세우고 막대한 예산을 지원할 뿐 아니라 AI 산업 생태계를 구축하고 공공 데이터를 개방하는 데도 적극 나서고 있다. 특히 2015년 이후 발표된 인공지능 산업 육성 정책을 살펴보면 기초 이론 분야보다는 기술 응용에 역점을 두고 관련 산업 육성에 속도를 내고 있다. 실제로 이 같은 지원에 힘입어 중국 기업들은 인공지능 플러스AI+ 전략을 펼치며 헬스케어, 금융, 유통, 교육 등 다양한 분야에서 인공지능 기술을

▌중국 인공지능 시장의 구조(2018년 기준)

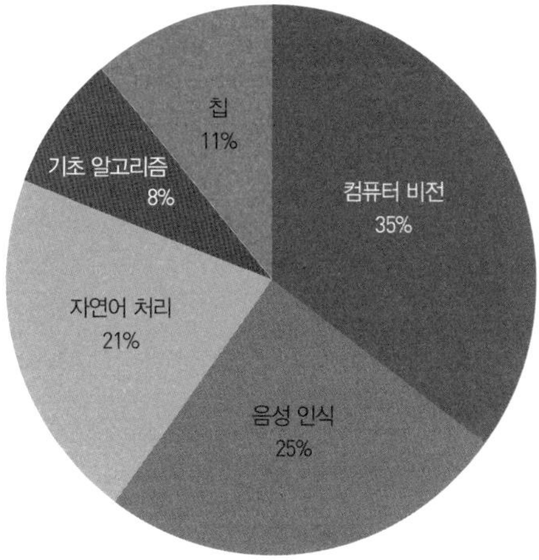

출처: 중국 정보통신연구원

활용하고 있다. 기술적인 측면에서는 미국에 다소 밀리지만 이를 시장이 원하는 방향으로 상업화하는 데는 탁월한 강점을 보이고 있는 것이다. 인공지능 분야의 세계적 권위자인 앤드루 응Andrew Ng 교수는 "미국이 AI 기초 연구 분야에서는 앞서고 있지만, AI 기술 확산을 촉진하는 중국의 국가적인 전략 덕분에 중국 기업들이 보다 쉽게 소비자 시장을 공략할 수 있다"고 평가한 바 있다.

특히 중국 AI 산업에서 가장 앞선 분야는 컴퓨터 비전 기술이다. 컴퓨터 비전은 카메라, 스캐너 등에서 얻은 디지털 이미지를 분석해 유용한 정보를 생성해내는 기술로 AI 안면 인식 기술이 대표적이다. 음성 인식보다 기술적 난이도가 높지만, 공공안전, 금융, 의료, 유통 등 광범위한 분야에 적용할 수 있어 최근 크게 주목받고 있다.

앞의 그래프를 살펴보면 2018년 기준으로 중국 AI 시장에서 컴퓨터 비전이 차지하는 비중이 35%로 가장 높고 음성 인식과 자연어 처리 등이 그 뒤를 잇고 있다. 2018년 미국 표준 기술연구소NIST가 주최한 안면 인식 공급업체 정확도 테스트Face Recognition Vendor Test, FRVT에서도 세계 상위권을 휩쓸 만큼 중국 AI 기업의 안면 인식 기술력은 이미 세계 최고 수준에 올라 있다.

이처럼 중국의 안면 인식 기술이 발전한 것은 사회 통제를 강화하려는 중국 정부의 목적에도 부합했기 때문이다. 이를 보여주는 예는 무수히 많다. 메그비가 세계 최고 수준의 안면 인식률을 기록할 수 있는 것도 중국 정부가 14억 인구의 안면 데이터에 접근하도록 허용해줬기 때문이다. 중국 정부는 신용평가 시스템을 구축하려는 IT 기업들에 범죄 기록 등이 담긴 공안 자료를 이용하도록 했으며, 갓 설립된 스타트업에도 정부의 기상 데이터에 접속할 권한을 부여하는 등 AI 부문의 발전을 적극 지원하고 있다.

★ 5G, 플랫폼의 2차 도약을 위한 촉매제

4차 산업혁명의 핵심 인프라로 주목받는 5G는 차이나 플랫폼의 2차 도약을 위한 촉매제 역할을 하고 있다. 초고속, 저지연, 초연결을 특징으로 하는 차세대 이동통신 5G는 플랫폼의 연결성을 극대화할 뿐 아니라 자율주행, 사물인터넷, VR, AR 등 다양하고 혁신적인 비즈

▍화웨이 5G 장비 채택 국가

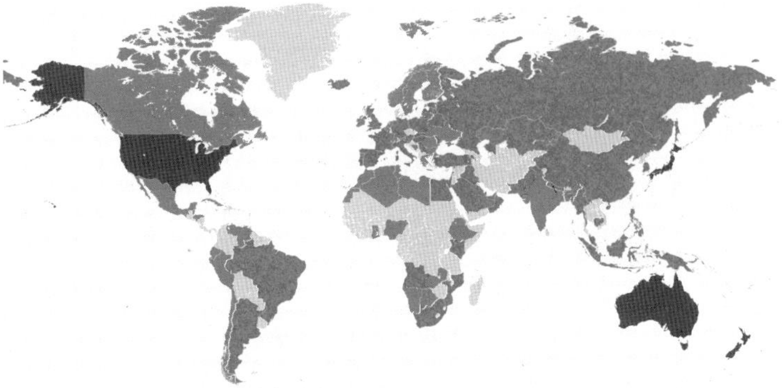

출처: Statista

니스 모델을 창출할 것으로 예상된다. 특히 자율주행과 5G의 결합은 자동차산업에 국한되지 않고 기존 플랫폼과는 차원이 다른 파급력을 가질 전망이다. 이에 중국 정부 역시 전통적인 인프라 투자보다는 5G와 같은 신형 인프라 투자를 확대하고, 내수 소비를 활성화하기 위한 플랫폼 경제를 확장하는 데 집중하고 있다. 미·중 패권전쟁도 누가 5G 기반 위에서 혁신 플랫폼의 주도권을 장악할 것인가의 문제로 귀결된다. 미·중 무역 분쟁이 본격화하자마자 트럼프 정부가 화력을 집중해 글로벌 5G 선두 업체인 화웨이 때리기에 나선 것도 이 때문이다. 제2차 세계대전 이후 자유 진영과 공산 진영을 가르는 철의 장막이 만들어졌다면, 이제는 차세대 통신 규격인 5G 등 첨단기술을 중심으로 미국과 중국이 경쟁하는 기술 냉전 시대가 도래한 것이다.

미국의 견제로 중국 기업이 첨단기술을 획득하고 해외 시장으로 진출하는 데 타격을 받고 있지만, 중국은 오히려 이를 5G 상용화를 앞당기는 계기로 활용하고 있다. 실제로 중국 정부는 2020년 상반기에 추진 예정이던 5G 상용화 시기를 2019년 하반기로 앞당겼고 투자 규모도 대폭 늘렸다. 미·중 무역 분쟁 이후 5G 통신을 포함한 첨단산업이 위축되고 해외 경쟁업체들의 시장점유율이 높아지자 과감한 정부 지원과 거대한 자국 시장을 앞세워 이를 정면 돌파하려는 것이다. 미·중 패권전쟁으로 중국의 기술 굴기에 차질이 빚어진 것은 사실이지만, 긴 호흡으로 보면 중국의 첨단기술 국산화와 자생적인 산업 생태계 구축이 중대한 분기점을 맞이할 가능성이 크다.

중국의 통신 시장 규모가 세계 최대인 만큼 5G 관련 투자 역시 중국이 세계 선두권을 달리고 있다. 2018년 말에 열린 중앙경제공작회의는 5G를 인공지능, 사물인터넷 등과 함께 신형 인프라로 명시하고 5G 인프라 구축에 본격적으로 나서기로 했다. 과거 3G, 4G 통신을 도입할 당시 다른 국가보다 뒤늦게 뛰어든 탓에 표준화 경쟁 및 응용 산업에서 주도권을 빼앗겼던 과오를 반복하지 않기 위해서다. 중국 정부는 2016년부터 5G 관련 기술개발과 통신망 구축에 5,000억 위안(약 84조 원) 규모의 투자를 진행하고 있으며, 중국 3대 통신사는 향후 7년간 5G 인프라 부문에 2,000억 달러(약 238조 원)를 투자할 예정이다. 5G를 세계 최초로 상용화한 우리나라와 주요 통신사를 중심으로 공격적인 투자에 나선 일본이 향후 5년간 5G에 각각 20~30조 원, 3조 엔(약 33조 원)을 투자할 계획임을 고려하면 매우 큰 규모다.

중국국제경제센터中国国际经济交流中心에 따르면 2022년까지 중국 전역에 약 200만 개의 5G 기지국이 건설될 전망이다. 중국 3대 통신사는 2019년에 320억 위안(약 5조 4,000억 원)을 들여 13만 개의 기지국을 시범적으로 설치한 이후 2021년에 70만 개, 2022년 100만 개 기지국을 설치할 것으로 예상된다. 특히 미·중 무역 분쟁 이후 중국 통신사들이 화웨이, ZTE 등 자국 업체 장비를 채택하는 비중이 높아지고 있어 이들 기업이 중국 5G 성장에서 입는 수혜는 더욱 커질 것이다.

중국은 5G 기술력 측면에서도 글로벌 경쟁력을 갖추고 있다. 독일의 특허 데이터베이스 기업인 IP리틱스에 따르면 2019년 3월 기준으로 중국은 5G 통신에서 필수인 표준필수특허SEP 출원 건수에서 34%의 점유율을 나타냈다. 이는 중국이 4G 부문에서 차지하는 점유율(22%)보다 1.5배 이상 높은 수치로 차세대 통신 규격인 5G에서 중국의 존재감이 커지고 있음을 의미한다. 기업별 출원 건수에서도 기지국 개발 관련 특허가 많은 중국 화웨이가 점유율 15%로 노키아(2위)와 삼성(3위)을 제치고 1위를 차지했으며, ZTE와 중국 전신과학기술연구원도 각각 5위, 9위를 기록했다. 이처럼 광대한 내수 시장과 공격적인 투자, 그리고 앞선 기술력으로 5G 구축에 따른 신규 비즈니스 모델을 창출하면서 차이나 플랫폼은 제2의 도약기를 맞이할 전망이다.

★ 플랫폼의 인프라, 클라우드

클라우드는 중앙 컴퓨터에 데이터를 저장해 언제 어디서나 인터넷에 접속하면 이를 활용할 수 있도록 하는 ICT 기반 서비스다. 4차 산업혁명 시대의 대표적인 플랫폼 비즈니스인 전자상거래, SNS, 핀테크, 사물인터넷 등을 뒷받침하는 핵심 인프라라고 할 수 있다. 예를 들어 최근 몇 년간 글로벌 IT 기업과 자동차 업체들이 공격적으로 투자하고 있는 자율주행차는 이동하면서 방대한 양의 데이터를 만들어내는데, 이 데이터를 실시간으로 주행에 반영할 수 있는 것도 바로 클라우드 컴퓨팅 기술 덕분이다. 빅데이터 저장과 분석을 위한 컴퓨팅 자원을 자체적으로 구축하기 어려운 스타트업은 물론 게임, OTT 등 플랫폼 비즈니스를 하는 글로벌 대기업들도 다양한 분야에서 클라우드를 적극 도입하고 있다. 아마존, 마이크로소프트, 구글과 같은 미국 IT 공룡들이 앞다퉈 클라우드 사업을 집중적으로 육성하는 것도 이 때문이다. 세계 최대 클라우드 컴퓨팅 서비스인 아마존 웹서비스AWS의 경우 아마존 매출에서 차지하는 비중은 10% 정도이지만, 기업 전체 영업이익의 70%를 차지할 만큼 수익성이 높다. 아마존이 본업인 전자상거래에서 최저가 전략을 구사하면서 대규모 투자를 지속할 수 있는 이유도 아마존 웹서비스라는 확실한 캐시카우가 있기 때문이다.

중국 플랫폼 기업들도 클라우드의 중요성을 간파하고 이를 차세대 성장 동력으로 육성하고 있다. 중국 최대 전자상거래 업체인 알

클라우드 글로벌 시장점유율

	2017		2018		2019	
	규모 (억 달러)	점유율 (%)	규모 (억 달러)	점유율 (%)	규모 (억 달러)	점유율 (%)
아마존 웹서비스	173	31.5	254	32.7	346	32.3
마이크로소프트	74	13.5	110	14.2	181	16.9
구글	35	6.4	33	4.2	62	5.8
알리바바	17	3	32	4.1	52	4.9
기타	250	45.5	349	44.8	430	40.1
합계	549	100	778	100	1071	100

출처: Canalys

리바바가 대표적이다. 알리바바는 급성장하는 중국의 클라우드 시장에서 압도적인 1위를 차지하고 있으며 글로벌 시장에서도 빠르게 존재감을 키우고 있다. 중국 전체 상장기업의 59%가 알리바바의 클라우드서비스에 가입되어 있으며, 중국 본토 외에 호주, 인도네시아, 인도, 일본 등 해외 시장에서도 해당 서비스를 사용한다. 이에 2017년 3%에 불과하던 알리바바 클라우드서비스의 글로벌 시장점유율은 2019년에 4.9%로 크게 상승했다. 아직 미국 선두 기업들과 격차가 크지만 성장 초기 국면인 중국 클라우드 시장을 선점하고 있다는 점을 고려하면 향후 성장 가능성이 매우 크다.

알리바바 클라우드서비스의 위력은 광군제에서 잘 드러난다. 2019년 11월 11일 광군제에서 알리바바는 하루 동안 13억 개의 물건을 판매하며 2,684억 위안(약 45조 원)의 거래액을 기록했다. 1초당 최대 54만 4,000건의 구매가 이뤄졌으며, 16.6억 번의 자동 번역 서비스가 제공됐다. 광군제 하루 동안 처리된 데이터는 970페타바이트PB로, 1기가바이트GB 용량의 고화질 영상 9억 7,000만 편과 맞먹는 용량이다. 이처럼 광군제 당일 수억 명이 알리바바 플랫폼에 몰리며 주문이 폭주했지만, 접속이 지연되거나 서버가 다운되는 사고가 단 한 건도 발생하지 않았던 것은 알리바바의 진일보한 클라우드 기술이 뒷받침됐기 때문이다.

다른 글로벌 IT 기업의 클라우드서비스가 대부분 오픈소스 기반인 것과 달리 알리바바는 자체 개발한 클라우드 컴퓨팅 엔진인 압사라Apsara를 기반으로 운영된다. 여기에 2019년 광군제에 처음 적용된 '3세대 X-드래곤 아키텍처'는 쿼리 처리 속도와 데이터 처리 효율성을 크게 향상시켰다. 또한 알리바바가 개발한 인공지능 칩 '한광含光 800'은 광고, 제품 검색, 맞춤형 제품 추천 등에서 탁월한 성능을 나타냈다. 이런 점에서 광군제는 중국의 최대 소비 축제인 동시에 알리바바가 최첨단기술을 선보이는 무대이기도 하다.

이러한 기술력을 바탕으로 알리바바는 전자상거래, 핀테크에 적용하던 클라우드를 미디어, 부동산 개발, 농업 분야로 확대 적용하고 있을 뿐 아니라 해외 시장 공략에도 나서고 있다. 알리바바 클라우드가 2020년 1월 업계 최초로 넷플릭스, 디즈니, 유니버설 스튜디오 등이 속한 미국영화협회의 TPN• 보안 평가 인증을 획득한 것이 단적인 예다. 다양한 부문의 데이터를 통합하고 분석해 시너지 효과를 창출하는 것에 그치지 않고, 이 과정에서 향상된 클라우드서비스를 다른 기업에 제공함으로써 매출 신장을 보이고 있는 것이다. 실제로 알리바바 클라우드의 매출은 가파른 상승세를 나타내며 알리바바그룹의 실적 개선을 이끌고 있다. 2019년 4분기 알리바바그룹의 매출은 전년동기대비 38% 증가한 1,614억 위안을 기록했는데, 특히 클라우드 부문의 매출은 전년동기대비 62% 급증한 107억 위안이었다. 이어 알리바바는 2020년 4월 코로나19로 언택트 소비의 급증이 예상됨에 따라 향후 3년간 클라우드 인프라 확충에 2,000억 위안(약 34조 원)을 투자할 계획이라고 밝혔다. 한편, 알리바바 클라우드는 2016년부터 한국에 진출해 국내 중소기업의 디지털 전환과 해외 진출을 지원하며 시장 공략에 나서고 있다. 국내 핀테크 업체인 렌딩사이언스는 알리바바 클라우드서비스와 손잡고 인도네시아의 금융시장에 진출했고, 동영상 플랫폼인 판도라TV도 국내 콘텐츠를 중국, 동남아, 중동 등으로 유통하는 스트리밍 서비스를 출시한 바 있다.

알리바바와 함께 중국 IT 업계의 쌍두마차인 텐센트 역시 클라우드를 차세대 성장 동력으로 삼고 과감한 투자를 이어가고 있다. 모바일결제와 마찬가지로 텐센트는 알리바바보다 늦게 클라우드 사

• TPNTrusted Partner Network은 미국영화협회MPAA와 콘텐츠 전송 및 보안 협회CDSA가 운영하는 보안 기술 인증 제도다.

업을 시작했지만, 자사의 강점인 SNS, 게임, 동영상 등을 기반으로 시장 공략에 적극 나섰다. 시장조사업체 카날리스에 따르면 텐센트의 클라우드 부문은 알리바바보다 더욱 가파르게 성장하며 2019년 4분기에 중국 전체 클라우드 시장에서 18%의 점유율을 차지한 것으로 나타났다. 이에 텐센트 실적에서 클라우드 부문이 차지하는 비중도 갈수록 커지고 있다. 2019년 4분기 텐센트의 매출은 1,058억 위안으로 전년동기대비 25% 증가했는데, 이 중 클라우드가 속한 핀테크·비즈니스 서비스 부문은 전년동기대비 39% 증가한 299억 위안을 기록했다. 5G 상용화로 클라우드 게이밍 시대가 본격적으로 열리면 텐센트의 클라우드 부문 성장세는 더욱 가속도가 붙을 것으로 전망된다.

Focus

코로나19로 가속화하는 디지털 경제

전 세계를 패닉으로 몰아넣었던 코로나19 사태는 역설적으로 중국 경제의 디지털화에 한층 속도를 높이는 계기가 됐다. 코로나19 사태 이전에도 중국의 디지털 경제는 전자상거래 확산과 핀테크 발전 등에 힘입어 상당히 진전하고 있었다. 검색, 쇼핑부터 모빌리티, O2O에 이르는 거의 모든 영역이 모바일로 이뤄지는 중국인의 일상은 실시간 방대한 데이터를 쏟아냈고, 이는 중국의 디지털 경제가 급성장하는 밑거름이 됐다. 이런 상황에서 코로나19 사태가 발생하자 거의 모든 오프라인 활동이 중단되면서 중국 경제의 디지털화는 더욱 앞당겨졌다.

이번 사태로 중국 경제가 심각한 타격을 입은 것은 분명하지만, 반대로 새로운 산업 트렌드와 투자의 기회가 발생하고 있는 점

역시 간과해서는 안 된다. 2003년 사스[SARS] 발병 당시 알리바바, 징동닷컴을 필두로 중국의 전자상거래 산업이 비약적으로 발전했던 것처럼 이번 코로나19 사태는 무인 배송, 원격의료, 온라인 교육, 클라우드 등 차세대 기술의 상용화를 앞당기는 데 결정적인 기여를 할 것으로 예상되기 때문이다.

구체적으로 중국 정부는 전염병 확산을 막고 의료 물자를 효율적으로 배분하기 위해 전국 단위의 의료 데이터베이스를 구축하는 한편, 첨단기술을 활용해 확진자 동선 추적과 접촉자 식별에 나섰다. 또한 AI 기업들과 협력해 공공장소에서 마스크를 쓰지 않는 사람을 공안에 통보하는 시스템도 만들었다. 국가적 위기가 고조되면서 프라이버시 침해에 대한 국민의 저항이 약화한 상황을 최대한 활용한 것이다. 이와 함께 중국 정부는 침체한 경제를 살리고 미래 성장산업을 육성하기 위해 5G, 데이터센터, 스마트시티 등 신형 인프라[新基建]를 구축하는 데 역량을 집중하고 있다. 2008년 글로벌 금융위기 때 철도, 도로 등 전통 인프라에 대한 과도한 투자가 공급과잉과 같은 심각한 부작용을 초래했던 점을 반면교사 삼아 이번 코로나19에 대한 대응을 단순한 경기 부양이 아닌, 경제구조를 첨단산업 중심으로 전환하는 절호의 기회로 삼으려는 것이다.

민간 부문의 대응과 변화는 더 극적이다. 코로나19로 재택근무가 확산하면서 알리바바의 딩톡[DingTok], 텐센트의 위챗워크[Wechatwork] 등 원격근무용 통신 서비스 앱 시장이 폭발적으로 성장했다. 이에 딩톡은 중국의 앱스토어 순위에서 국민 메신저인 위챗을 제치고 1위를 차지하기도 했다. 전자상거래가 활성화하면서 2020년 2월 한 달 동안 하루 평균 3만 명이 타오바오에서 온라인 점포를 개설했고, 알리바바 산하 라이브 커머스Live Commerce•인 타오바오 즈보淘宝直播 방송 횟수도 전년 대비 2배 이상 늘었다. 개학이 미뤄지고 초·중·고교 학생들의 수업이 재택 온라인 수업으로 대체되면서 온라인 교육 시장 역시 활성화하고 있다.

이와 함께 언택트 소비가 확산되면서 오프라인 대신 온라인에서 식자재를 구매하는 수요가 크게 증가했고 자택 앞, 단지 입구 등 지정된 위치까지만 배송하는 서비스도 생겨났다. 2017년부터 급성장하고 있는 무인 마트와 AI, 로봇 등을 활용한 무인 배송(자율주행)에 대한 기대감도 커지고 있다. 그뿐만 아니라 온라인으로 의사와 진료 상담을 하고 온라인 의료 플랫폼에서 의약품을 구매하려는 수요가 크게 늘면서 평안굿닥터平安好医生, 알리건강阿里健康을 필두로 한 스마트 헬스케어 시장이 급성장하고 있다.

중국의 IT 기술 발전과 경쟁이 치열한 비즈니스 환경을 고려할 때 이러한 변화는 일시적인 현상에 그치지 않고 4차 산업혁명 시대의 새로운 트렌드가 될 것으로 예상한다. 나아가 이러한 흐름은 클라우드 등 IT 인프라 수요 확대로 이어질 것이다. 이와 같은 상황을 맞이한 중국 IT 업체들은 데이터센터 투자를 늘릴 수밖에 없고, 그

• 라이브 방송과 전자상거래를 결합한 라이브 커머스는 판매자가 생방송으로 상품을 소개하고 채팅을 통해 이용자와 대화하면서 상품을 판매하는 서비스다.

과정에서 D램과 낸드플래시 시장에서 확고한 경쟁력을 갖춘 삼성전자, SK하이닉스와 같은 국내 반도체 업체들이 수혜를 입을 가능성이 높다. 중국의 디지털 경제 확산이 국내 IT 산업에 커다란 기회인 이유다.

Chapter

3

플랫폼이 이끄는 혁신 패러다임

hina Platform

06

차이나 플랫폼의 알파와 오메가, 전자상거래

전자상거래는 차이나 플랫폼의 알파이자 오메가라고 해도 과언이 아니다. 전자상거래 덕분에 파편화되어 있던 유통시장이 하나로 통합됐고, 온라인 상거래를 간편하게 할 수 있는 결제 시스템이 탄생했으며, O2O, 물류, 공유경제 등 수많은 플랫폼이 파생될 수 있었기 때문이다. 중국의 전자상거래 시장은 스마트폰 및 모바일결제 확산과 정부의 적극적인 지원이 맞물리면서 가파르게 성장했다. 특히 최근 들어 인공지능, 빅데이터 등 첨단기술을 도입하고 물류 인프라를 대폭 확대하면서 매년 두 자릿수 증가율로 성장하고 있으며, 그 결과 중국은 현재 글로벌 최대 시장으로 부상했다. 글로벌 컨설팅 업체 매킨지에 따르면 중국의 전자상거래 시장 규모는 2019년 기준 1조 5,000억 달러로 2위부터 11위까지 10개 국가를 합친 것보다 더 크

전자상거래 글로벌 시장 규모

(단위: 달러)

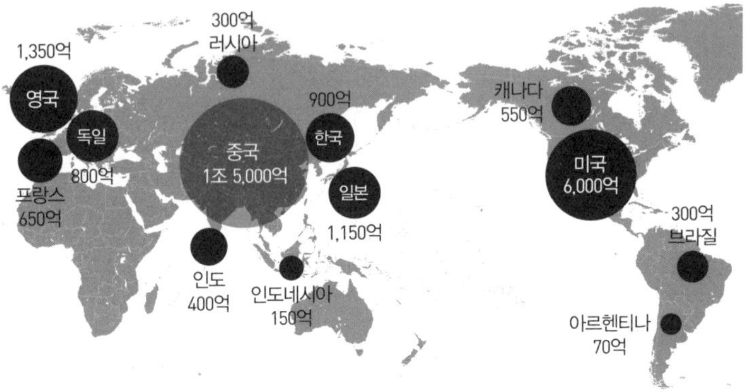

출처: McKinsey

다. 더욱이 코로나19로 촉발된 언택트(비대면)화로 중국 전자상거래 시장의 성장세는 더욱 가속화할 것으로 예상된다.

무엇보다 전자상거래 플랫폼은 31개 성시로 단절되어 있던 중국을 거대한 단일 시장으로 통합하면서 중국의 소비시장을 완전히 탈바꿈해놓았다. 오프라인 유통망이 극도로 비효율적이었던 만큼 디지털 플랫폼은 중국 소비자들에게 엄청난 편의와 효용을 제공했고, 수출과 투자에 치중되어 있던 중국의 경제구조를 내수 소비 위주로 전환하는 데도 크게 기여했다. 중국이라는 거대한 잠재력을 지닌 시장에 디지털 플랫폼이 들어서자 상품과 기술, 자본을 빨아들이며 혁신이 자생적으로 만들어지는 선순환 구조가 형성된 것이다.

★ 중국 전자상거래를 이끄는 쌍두마차 알리바바, 징동닷컴

알리바바는 중국의 전자상거래 혁신을 이끈 장본인이라고 할 수 있다. 1999년에 설립된 알리바바는 타오바오를 통해 C2C 시장을 독점했고, 이후 티몰을 통해 B2C 시장을 과점하며 연간 활동 고객 수가 7억 명에 이르는 중국 최대 전자상거래 플랫폼으로 자리 잡았다. 여기에 알리바바가 2016년에 인수한 동남아 최대 전자상거래 업체 라자다Lazada와 전자상거래 플랫폼인 알리익스프레스Ali express를 앞세워 해외 시장 진출에도 적극적으로 나서고 있다. 특히 2005년에는 중국 전자상거래의 결정적인 전환점을 마련한 알리페이를 출시했고, 이에 알리바바는 급성장하는 모바일결제 시장의 주도권을 잡게 됐다. 현재 알리바바가 중국 모바일결제 시장에서 차지하는 비중은 54%에 이른다. 또한 대규모 물량을 '중국 24시간, 해외 72시간 내 배송'하기 위해 만든 물류 자회사인 차이냐오菜鳥는 중국 전체 물동량의 50%를 맡고 있다. 다시 말해 알리바바는 전자상거래 비즈니스의 핵심 3요소인 플랫폼 경쟁력, 모바일결제, 물류 네트워크를 모두 갖추고 있는 것이다. 이러한 플랫폼 인프라는 막대한 투자가 필요하고 경쟁자가 쉽게 복제할 수 없는 것이기 때문에 알리바바의 시장 선도적 지위는 상당 기간 지속될 것으로 예상된다.

알리바바의 압도적인 존재감은 전자상거래 영역에 국한되지 않는다. 알리바바는 전자상거래 플랫폼에서 축적된 빅데이터를 기반으로 핀테크, 인공지능, 클라우드 등 다양한 산업에 진출하며 미래 성장 동력을 키우고 있다. 단적인 예로 알리바바의 금융 자회사인 앤트파이낸셜이 알리페이의 성공을 발판 삼아 글로벌 최대 핀테크 업체로 성장했고, 알리바바의 클라우드 사업을 맡고 있는 알리윈阿里云은 중국 상장사의 59%를 고객으로 확보하고 있다는 점을 들 수 있다. 이처럼 광범위한 플랫폼 지배력을 바탕으로 알리바바는 상품 발주에서부터 최적의 배송 경로 설정, 재고관리에 이르기까지 모든 유통과정에서 발생하는 데이터를 실시간으로 수집하고 있으며, 이를 다시 인공지능 기술과 결합해 개인별 추천 서비스를 제공하는 단계로 진화하고 있다. 다시 말해 중국의 온라인 쇼핑을 검색 기반에서 AI 추천 기반으로 전환하는 거대한 프로젝트를 추진 중이다. 그뿐만 아니라 2016년부터는 온라인과 오프라인을 결합하는 신유통 전략을 내세워 소비자들이 시간과 장소에 구애받지 않고 자유롭게 쇼핑할 수 있는 유통 환경을 구축하고 있다. 그리고 이를 통해 2024년까지 연간 활동 고객 수 10억 명, 연간 상품거래액GMV 10조 위안을 달성하겠다는 목표를 제시하고 있다.

한편 징동닷컴은 알리바바와 함께 중국 전자상거래 시장을 이끄는 쌍두마차로 중국의 물류 혁신 주도하고 있는 기업이다. 1998년 전자제품 전문 쇼핑몰 중관춘에서 전자부품 도매상으로 시작한 징동닷컴은 2004년에 B2C 전자상거래 사업에 뛰어들며 성장궤도에 본격적으로 진입했다. 엄격한 정품 관리와 빠른 배송을 앞세운 전략이 소비자들의 신뢰를 얻으며 급성장한 것이다. 짝퉁이 판을 치던 중

알리바바 생태계

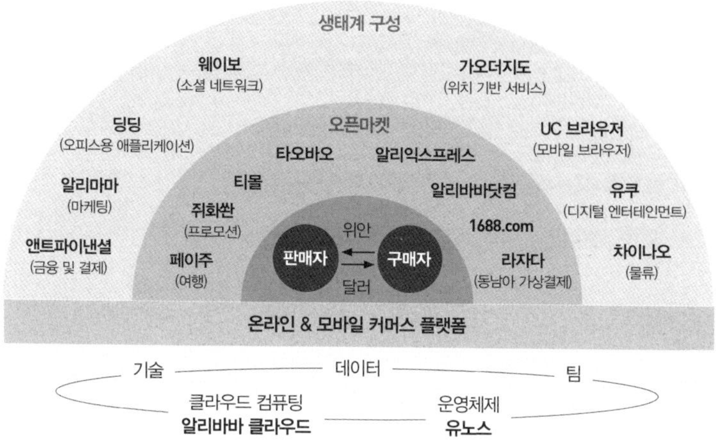

출처: 阿里巴巴

국에서 징동닷컴 제품이라면 진품이라는 평판을 얻은 결과다. 알리바바가 수많은 판매자와 개별 소비자를 연결해주는 오픈마켓 방식이었다면, 징동닷컴은 다양한 제품을 직접 매입해서 소비자들에게 파는 방식을 택했다. 이러한 직매입 방식은 비용 부담이 크고 수익성이 낮다는 단점은 있지만, 물건 매입 시 까다로운 선별 절차를 거치기 때문에 품질 관리가 철저하다는 장점이 있다. 즉 징동닷컴은 단기 수익성 악화를 감수하면서도 중국 소비자들의 니즈를 만족시키는 전략을 취함으로써 뚜렷한 차별점을 갖게 된 것이다.

징동닷컴의 최대 강점은 최첨단 물류시스템이다. 2000년대 중반까지만 하더라도 중국에는 전국적인 유통망을 확보한 물류회사가 없었다. 이런 상황에서 2007년 징동닷컴은 독자적인 물류시스템을

출처: jdmomedia.com

중국 전역에 700개 이상의 물류 창고와 8,000개가 넘는 물류센터를 운영하는 징동닷컴은 세계 최초로 모든 물류 과정을 100% 로봇에 의해 처리하는 무인 물류센터를 구축했다.

구축하기로 결정하고 엄청난 자금을 쏟아부었다. 이를 통해 창고 관리, 배송에서부터 클라우드에 이르기까지 물류의 전 영역을 내재화했으며, 인공지능과 빅데이터를 활용해 재고 부담을 최소화했다. 알리바바의 차이냐오가 기존 택배회사들의 플랫폼 역할을 하는 것과 대조적으로 징동닷컴은 물류의 전 과정을 직접 운영하며 시스템 최적화에 전력을 기울인 것이다. 이에 징동닷컴의 물류 인프라 규모는 급속히 확대됐으며, 2019년 말 기준으로 중국 전역에 700개 이상의 물류 창고와 8,000개가 넘는 물류센터가 운영되고 있다. 특히 2018년 5월에는 세계 최초로 모든 물류 과정을 100% 로봇에 의해 처리되는 무인 물류센터를 구축했는데, 현재 이 센터는 일평균 약 20만

건의 물량을 처리하고 있다.

징동닷컴의 성공 요인 가운데 텐센트와의 협력도 빼놓을 수 없다. 텐센트는 전자상거래 부문에서 알리바바와 경쟁하기 위해 징동닷컴에 대규모 자금을 투자하면서 최대 주주가 됐다. 또한 텐센트가 운영하던 파이파이왕, QQ 왕거우 등 전자상거래 플랫폼을 징동닷컴에 양도함으로써 징동닷컴의 전자상거래 사업에 힘을 실어줬다. 이후 징동닷컴은 중국 최대 메신저인 위챗과 QQ 등 SNS 채널에서 대규모 신규 고객을 끌어들였고, 텐센트와 함께 VIP, 용후이마트永輝超市, 까르푸 등 온·오프라인 업체들에 투자하며 유통 생태계 확장에 적극적으로 나서고 있다.

★ 중국 전자상거래의 새로운 트렌드

중국 전자상거래 시장의 역동성은 여기서 끝이 아니다. 이미 몸집을 키운 중국의 전자상거래 기업들은 현실에 안주하지 않고 IT 기술혁신에 기반한 새로운 컨셉과 비즈니스 모델로 끊임없이 진화하고 있다. 급변하는 시장 환경 속에서 생겨난 다양한 수요를 충족시키고자 새로운 전자상거래 플랫폼들이 출현하고 있기 때문이다. SNS와 전자상거래를 결합한 소셜커머스가 대표적이다. 현재 중국에서는 SNS 이용자가 급증하면서 다양한 SNS 채널을 활용해 상품을 판매하는 소셜커머스 시장이 빠르게 확대되고 있다. 이유는 다음과 같다. 먼저 온라인상에 수많은 정보가 범람하면서 SNS를 통해 정확하고 신뢰할 수 있는 정보를 얻으려는 수요가 커졌다. 이와 함께 유명 연예인들의 광고보다 비슷한 취향을 가진 일반인들의 실제 사용 후기에 공감하는 소비자들이 크게 늘었는데, 이들은 온라인에서 다른 사람들과 의견을 공유하고 도움을 주고받는 데에서 얻는 즐거움과 유익함을 매우 중요시한다. 이에 중국의 소셜커머스 플랫폼은 제품과 서비스가 유통되는 통로일 뿐만 아니라 소비자 커뮤니티의 장으로써도 자리매김하게 된 것이다.

소셜커머스의 장점은 명확하다. 소비자 입장에서 보다 적은 시간과 노력을 투입해 원하는 제품을 찾을 수 있고, 판매자 입장에서도 홍보 비용을 낮추면서 더욱 정교한 타깃 마케팅이 가능해진다. 실제로 소셜커머스 이용자들은 기존 전자상거래 이용자들에 비해 플랫폼에 대한 충성도와 구매 전환율이 훨씬 높다. 중국 마케팅 전문 기업인 투에이비TWOAB에 따르면 기존 전자상거래 채널의 페이지 방문자가 구매자로 전환되는 구매 전환율이 0.37%에 불과한 데 비해 소셜커머스의 경우 6~10%에 이르는 것으로 나타났다. 참고로 최상위 인플루언서의 구매 전환율은 20%에 육박한다.

중국의 소셜커머스는 크게 샤오홍슈小红书, 모구지에蘑菇街와 같은 소셜 쇼핑형, 윈지云集, 요우짠有赞 같은 소셜 유통 서비스형, 핀둬둬, 리우슈어礼物说와 같은 트래픽형 세 가지로 나뉜다. 현재 이 업체들은 중국 전자상거래 시장의 지각변동을 일으키며 알리바바, 징동닷컴 등 전통 강자들을 위협하고 있다. 특히 2013년에 설립된 샤오홍

슈는 인스타그램과 아마존을 결합한 비즈니스 모델을 갖고 있다. 인플루언서를 중심으로 뷰티, 패션 등 아이템 정보를 공유하고 쇼핑할 수 있는 플랫폼으로 사진이나 동영상 공유가 용이한 블로그 형태의 사용자 인터페이스UI를 제공한다. 3억 명이 넘는 사용자 가운데 70%가 지우링허우(1990년대생)일 정도로 젊은 층에 인기가 높다. 이와 함께 2019년 5월 미국 나스닥에 상장한 윈지는 회원제 소셜커머스 플랫폼으로 저렴한 가격과 다양한 제품군을 앞세워 가파른 성장세를 나타내고 있다. 위챗 등 모바일 메신저를 통해 상품을 판매하는 웨이상微商을 일반 소비자들과 연결해주는 비즈니스 모델을 갖고 있으며, 유아용품, 화장품, 건강용품 등이 주력 제품이다.

현재 중국에서 가장 주목받는 라이브 커머스도 소셜커머스의 연장선에 있다. 라이브 방송과 전자상거래를 결합한 라이브 커머스는 이미 중국의 대세 쇼핑 트렌드로 자리 잡았으며, 미국, 한국 등 글로벌 시장으로도 빠르게 확산하고 있다. 알리바바의 타오바오 즈보를 필두로 도우인抖音, 핀둬둬 등 다양한 플랫폼에서 라이브 커머스가 활발하게 이뤄지고 있다. 시장조사기관 아이미디어리서치에 따르면 2017년 190억 위안에 불과했던 중국의 라이브 커머스 시장 규모는 2020년에 9,610억 위안으로 급증할 전망이다. 라이브 커머스는 실시간 온라인 방송을 통해 제품을 판매한다는 점에서 TV 홈쇼핑과 비슷하지만 쇼호스트가 아닌 판매자가 직접 나와 실시간 채팅으로 소통하기 때문에 사용자들의 참여도가 훨씬 높다. 판매자는 스마트폰 하나만 갖고도 자신만의 라이브 커머스 채널을 만들 수 있고, 소비자

▌중국 라이브 커머스 시장 규모 변화

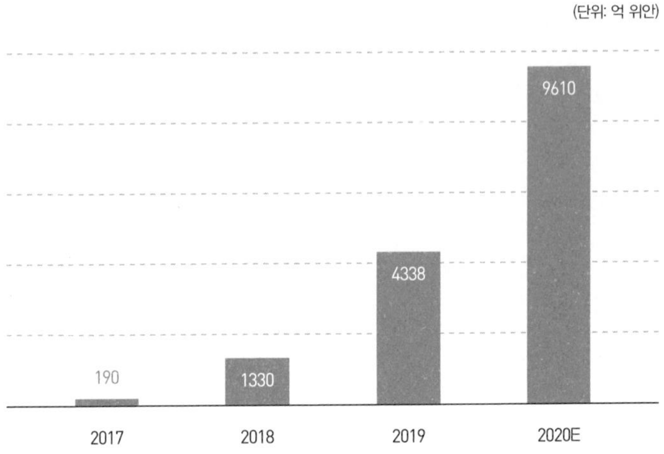

출처: 艾媒咨询

알리바바의 타오바오 즈보를 필두로 도우인, 핀둬둬 등 다양한 플랫폼에서 라이브 커머스가 활발하게 이뤄지고 있다. 시장조사기관 아이미디어리서치에 따르면 2017년 190억 위안에 불과했던 중국의 라이브 커머스 시장 규모는 2020년에 9,610억 위안으로 급증할 전망이다.

는 채팅창을 통해 자유롭게 대화하며 AR 기능을 활용한 제품 체험을 할 수도 있다. 예를 들어 립스틱을 구매하려는 소비자가 실제 립스틱을 발랐을 때의 모습을 미리 볼 수 있는 것이다. 누구나 참여해 놀이하듯 쇼핑을 즐길 수 있는 플랫폼이 다름 아닌 라이브 커머스다.

중국 라이브 커머스 시장점유율 1위는 알리바바의 타오바오 즈보로 2016년에 처음 서비스를 시작한 이후 3년 연속 연간 150%가 넘는 성장률을 기록했으며 하루 방송 시청 시간이 35만 시간에 이른다. 특히 코로나19를 계기로 언택트 소비가 급증하면서 라이브 커머스의 성장 속도는 더욱 가팔라지고 있다. 코로나19가 한창이던 2020년 2월 타오바오 즈보의 신규 판매자 수는 전월 대비 719% 증가했으며, 이용자 수도 전월 대비 153% 증가했다. 이처럼 라이브 커머스가 전자상거래의 새로운 트렌드로 자리 잡자 신규 업체들도 본격적으로 라이브 커머스 시장에 진출하고 있다. 도우인, 콰이쇼우快手 등 짧은 동영상 앱뿐 아니라 온라인 게임 및 엔터테인먼트 플랫폼도 라이브 커머스 시장 확대에 적극 나서고 있다. 이에 인플루언서들은 다양한 채널에서 동시에 생방송을 진행하며 제품 판매에 따른 수익 극대화에 나서고 있다.

라이브 커머스의 급성장은 핵심 사용자층인 지우링허우 세대의 특성과도 밀접하게 연관되어 있다. 이들 세대는 SNS를 통해 형성된 자신만의 커뮤니티를 중시하고, 제품의 차별성을 우선시하며, 제품 구매 과정에서 색다른 경험과 재미를 추구한다. 실제로 전체 라이브 커머스 진행자의 절반 이상이 지우링허우 세대다. 또한 TV 시청

보다 모바일을 통한 동영상 시청에 익숙하고 온라인상에서 제품이나 서비스를 구매하는 것에 거부감이 없다. 주로 검색을 통해 제품을 구매했던 이전 세대와도 뚜렷한 차이점을 보인다. 즉 콘텐츠를 통해 제품을 구매하는 경향이 높고, 직접 즐겁게 참여할 수 있는 활동에 열광적으로 반응한다. 앞으로 지우링허우가 주도하는 라이브 커머스 시장이 더욱 커질 수밖에 없는 이유다. 동시에 이들의 소비문화에 적응하지 못하는 기업은 생존을 크게 위협받을 것으로 예상된다.

이처럼 소셜커머스가 활성화하면서 콘텐츠 크리에이터인 왕훙이 전성시대를 맞고 있다. 2010년대 중반부터 본격적으로 활동하기 시작한 왕훙은 '왕뤄훙런网络红人'의 줄임말로 인터넷을 뜻하는 왕뤄网络와 유명하다는 의미의 훙런红人을 합친 말이다. 쉽게 말해 온라인에서 유명한 사람, 즉 인플루언서를 의미한다. 이들은 위챗, 웨이보 등 SNS에서 수많은 팔로워를 보유한 인터넷 스타로 20~30대 주요 소비층에 대한 영향력이 막강해 중국의 새로운 소비 트렌드를 상징하는 키워드로 각광받고 있다. 새롭게 출시된 제품을 먼저 체험해보고 자신만의 솔직한 평가와 후기를 SNS에 올리며 유행을 선도한다. 전통 미디어 광고보다 왕훙의 추천 여부가 매출은 물론 브랜드 인지도 상승에도 결정적인 영향을 미치다 보니 '왕훙경제'라는 신조어까지 생겼다. 2018년 말 기준 중국의 왕훙 수는 2,100만 명이며 이들이 보유한 팔로워 수는 6억 명 이상으로 추산된다. 단적인 예로 '립스틱 오빠口紅一哥'로 불리는 리자치李佳琦는 왕훙의 높은 인기와 파급력을 보여주는 대표적인 인물이다. 과거 화장품 판매 코너의 인턴으로 일했던 리자치는 이제 3,400만 명에 이르는 SNS 팔로워 수를 보유하며 중국에서 가장 유명한 왕홍 중 한 명으로 꼽힌다. 실제로 '뷰티업계 완판남'답게 2019년 10월 20일 광군제 예매가 시작된 지 4시간 만에 리자치의 제품 영상 누적 뷰 수가 3,000만을 돌파하면서 39가지 제품 대부분이 완판됐고, 알리바바의 타오바오 즈보에서는 6시간 동안 3,683만여 뷰를 기록하기도 했다. 그야말로 엄청난 파급력을 보인 것이다. 초기에 왕홍의 활동 무대가 주로 미용이나 패션 분야에 국한됐던 것과 달리 이제는 소비재, 음식료 등 다양한 영역으로 확대되면서 분야별로 특화된 왕홍들이 많아졌고, 이들은 다중채널네트워크Multi Channel Network, MCN의 등장으로 점차 기업화, 대형화되는 추세다.

중국에서 왕홍경제가 급성장한 배경은 복합적이다. 스마트폰 확산에 따른 동영상 1인 미디어의 성장은 왕홍과 소비자의 간극을 극적으로 좁히며 팬덤 소비에 불을 지폈다. 특히 제품의 효과를 눈으로 확인할 수 있는 화장품의 경우 동영상 1인 미디어를 통해 생생한 현장감을 전달하는 것이 가능했고, 이는 중국 특유의 결제, 커머스 플랫폼과 연결되면서 가파른 매출 성장으로 이어졌다. 사실 화장품이나 의류는 대부분 표준화된 제품이기 때문에 제품 자체만으로 차별화된 경쟁력을 갖기 어렵다. 따라서 거대한 팬덤을 거느린 왕홍이 자신의 체험을 공유하면서 소비자들에게 어필하는 마케팅이 갈수록 중요해지는 것은 어찌 보면 당연한 일이라고 할 수 있다. 게다가 중국에는 여전히 저급한 위조 상품들이 널리 유통되고 있기 때문에 게이트키퍼 역할을 하는 인플루언서, 즉 왕홍에 대한 수요가 다른 국가들보다 상당히 큰 편이다. 더불어 앞서 언급한 것처럼 중국 소비자들이 유명 연예인을 내세운 기업 광고보다 자신의 체험을 바탕으로 제품을 판매하는 왕훙을 더 신뢰하고 있다. 왕훙들 역시 위조 상품을 홍보하거나 판매할 경우 단기적인 수익을 거둘 수 있을지는 몰라도 장기적으로 평판과 매출에 큰 타격을 입기 때문에 이를 꺼리는 경우가 많다. 우리나라의 경우 인플루언서가 자신의 제품을 판매하는 것에 대해 부정적으로 바라보는 소비자가 많지만 중국은 이에 대한 거부감이 거의 없다. 이와 같은 점들을 고려할 때 왕훙의 성공 여부는 소비자와의 교감과 신뢰를 바탕으로 얼마나 강력한 팬덤을 일으키느냐에 달려 있다고 해도 과언이 아니다.

★ 해외 직구 플랫폼, 럭셔리에 눈을 뜨다

최근 부각되고 있는 중국 전자상거래의 또 다른 트렌드는 해외 직구 플랫폼이 빠르게 성장하고 있다는 점이다. 중국 내 경쟁이 치열해지고, 중산층 확대로 해외 프리미엄 제품에 대한 수요가 늘어나면서 해외 시장에서 새로운 성장 동력을 찾는 전자상거래 기업들이 많아지고 있다. 실제로 중국은 이미 글로벌 럭셔리 시장의 최대 소비 주체다. 글로벌 컨설팅 업체 매킨지가 발간한 〈2019년 중국 럭셔리 시장 보고서China Luxury Report 2019〉에 따르면 2018년 중국 소비자들은 명품 가방, 신발, 시계, 보석 등을 구입하는 데 7,700억 위안(약 130조 원)을 지출했다. 전 세계 럭셔리 소비지출의 32%에 이르는 규모다. 2012년 19%였던 중국 소비자들의 럭셔리 소비지출 비중이 매우 커진 것이다. 참고로 매킨지는 중국의 럭셔리 소비지출 규모가 2025년에 1조 2,270억 위안(약 207조 원)으로 늘어나고, 전 세계 럭셔리 소비지출에서 차지하는 비중 역시 40%에 이를 것으로 전망했다.

최근 몇 년간 루이비통, 에르메스, 크리스찬 디올 등 글로벌 럭셔리 브랜드의 실적과 주가가 강세를 보인 것도 중국발 수요가 뒷받침됐기 때문이다. 특히 1980년대 이후 태어난 젊은 소비층이 중국의 럭셔리 소비를 이끌고 있다. 2018년의 경우 이들이 중국 전체 럭셔리 소비에서 차지한 비중은 무려 80%였다. 중국의 젊은 세대에게 명품은 자기차별화의 도구이자 사회적 자산이다. 이들은 명품을 소비함으로써 자신을 돋보이게 만들고 자신의 성공을 겉으로 드러내고자 하는 성향이 강하다. 이와 함께 1990년대생이 럭셔리 소비에서 차지하는 비중은 23%였는데, 1990년대생의 절반가량이 2018년에 처음으로 명품을 구매하기 시작했다는 점을 고려하면 향후 이들이 중국 럭셔리 시장의 큰손으로 떠오를 가능성이 크다.

중국의 젊은이들은 명품에 관한 정보를 전통적인 광고보다 SNS와 라이브 방송 등 뉴미디어에서 많이 얻는 것으로 나타났다. 이렇다 보니 바이럴 마케팅과 인플루언서들이 주요 명품 브랜드의 공식 채널보다 더 큰 영향력을 발휘하고 있다. 실제로 중국판 트위터인 웨이보에서 양미杨幂, 안젤라베이비楊穎 등 인플루언서의 팔로워 수가 크리스찬 디올이나 코치와 같은 럭셔리 브랜드의 공식 계정 팔로워 수보다 훨씬 많다.

이러한 럭셔리 수요 증가에 힘입어 중국의 해외 직구 시장은 빠르게 확대되고 있다. 시장조사기관 아이미디어리서치에 따르면 2016년 6조 1,000억 위안이었던 중국 해외 직구 규모는 2020년 이보다 2배가량 증가한 12조 7,000억 위안에 이르고, 해외 직구 이용자 수도 같은 기간 4,100만 명에서 2억 1,100만 명으로 크게 늘어날 전망이다. 주목할 만한 점은 해외 전자상거래 사이트보다 중국 로컬 해외 직구 플랫폼을 통해 해외 직구에 나서는 중국 소비자들이 훨씬 많다는 것이다. 이는 로컬 플랫폼이 중국어로 된 상세한 제품 설명은 물론 중국 소비자들의 편의를 고려한 배송 및 환불 정책, 실시간 상담 서비스 등을 제공하고 있기 때문이다. 또한 중국 국내에서 사용하

▌중국 해외 직구 거래량 규모

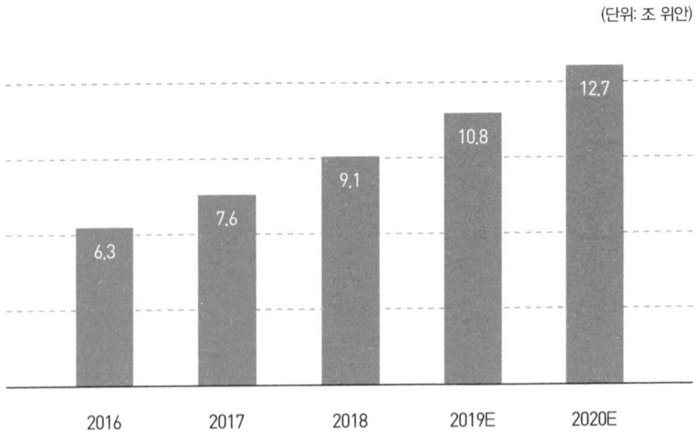

출처: 艾媒咨询

는 모바일결제 수단을 그대로 사용할 수 있고 다양한 할인 이벤트를 진행한다는 점도 플러스 요인으로 작용하고 있다.

중국의 해외 직구 시장은 왕이카오라网易考拉, 티몰글로벌天猫国际, 징동월드와이드京东全球购 등 상위 5개 업체가 80%의 시장점유율을 차지할 만큼 선두 업체들의 집중도가 높다. 대표적으로 2015년에 출시된 왕이카오라는 모기업인 넷이즈의 전폭적인 지원에 힘입어 설립 2년 만에 중국 최대 해외 직구 플랫폼으로 떠올랐다. 직매입을 통한 철저한 정품 관리와 배송 추적 서비스가 소비자들의 신뢰를 얻은 결과다. 왕이카오라가 해외 직구 시장에서 두각을 나타내자 2019년 9월 알리바바는 왕이카오라를 20억 달러에 인수했다. 티몰글로벌 역시 알리바바 산하의 해외 직구 플랫폼이다. 알리바바는 티몰글로벌을 통해 국경 간 전자상거래跨境电子商务를 위한 원스톱 플랫폼을 구축했으며, 미국, 유럽 등 5개국에 물류 창고를 설치해 상품 조달 시스템을 강화했다. 이에 따라 주문에서부터 결제, 배송에 이르기까지 해외 직구의 모든 과정이 알리바바의 생태계 안에서 이뤄지고 있다.

07

만능 슈퍼앱의 대명사 텐센트와 위챗

★ 애플을 무릎 꿇린 위챗

텐센트의 위챗은 단순한 모바일 메신저 앱이 아니다. 음식 주문, 호텔 예약, 승차권 예매부터 병원 진료 예약, 전기 요금 납부, 출생·혼인 신고 등 스마트폰으로 할 수 있는 모든 서비스를 제공하는 슈퍼앱이라고 할 수 있다. 페이스북, 인스타그램, 왓츠 앱, 우버, 벤모 등을 하나의 앱으로 합쳐놓았다고 이해하면 쉽다. 스마트폰에 위챗이 깔려 있지 않다면 중국에 사는 것이 아니라는 말이 있을 정도다. 중국의 스마트폰 사용자들이 다른 나라 사람들에 비해 훨씬 쉽게 안드로이드에서 아이폰 운영체제 iOS로, 또는 iOS에서 안드로이드로 갈아탈 수 있는 것도 모두 위챗 덕분이다. 잘 알려진 것처럼 안드로이

글로벌 갑질의 대명사 애플도 중국에서는 맥을 못 췄다. 위챗페이 인앱 결제 문제로 텐센트와 대립한 애플은 앱스토어에서 위챗을 삭제하겠다고 위협했으나 중국 소비자들은 애플 대신 위챗을 택했고, 애플은 결국 백기를 들어야 했다.

드와 iOS는 각자의 운영체제를 바탕으로 서로 다른 플랫폼 생태계와 배타적인 서비스를 제공하고 있어 사용자들이 운영체제를 바꾸기가 상당히 어렵다. 하지만 중국에서는 모든 서비스를 가능하게 하는 위챗이 있어서 운영체제를 전환하는 것이 상대적으로 용이하다.

2017년 글로벌 IT 업계의 슈퍼 갑인 애플이 텐센트에 사실상 무릎을 꿇은 사건도 위챗 때문이었다. 애플의 비즈니스 모델은 높은 충성도를 가진 고객들에게 아이폰 등 하드웨어 기기를 팔고 애플 앱스토어에서만 다운받고 결제할 수 있는 앱 생태계를 구축해 여기에서 고마진으로 수익을 얻는 것이다. 애플은 이러한 인앱 결제In App Purchase를 통해 30%에 이르는 수수료를 받는다. 문제는 위챗의 경우 자체 내장된 앱스토어에서 모든 앱과 서비스를 다운받아 사용할 수 있다는 점이다. 무엇보다 간편결제 서비스인 위챗페이로 결제할 수 있기 때문에 애플이 수수료를 챙길 수 없다. 애플은 이를 문제 삼고 위챗이 애플의 인앱 결제 기능을 적용하지 않으면 앱스토어에서 위챗을 삭제하겠다고 위협했다. 하지만 위챗은 이에 굴복하지 않고 아이폰용 위챗에서 메신저 기능을 제외한 여타 기능을 삭제하는 초강수로 맞섰다. 결국 애플이 백기를 들 수밖에 없었다. 중국 소비자들에게 아이폰은 대체재가 있는 선택사항이지만 위챗은 반드시 사용해야 하는 필수사항이었기 때문이다.

★ 텐센트, 플랫폼 기업으로 비상하다

1998년 선전深圳에 설립된 텐센트는 지난 20여 년간 성장과 발전을 거듭하며 SNS, 게임, 핀테크, 엔터테인먼트, 전자상거래, O2O, 클라우드 등을 아우르는 초대형 IT 기업이 됐다. 초창기에 텐센트는 이스라엘 스타트업이 개발한 PC용 메신저 프로그램 ICQ를 모방한 QICQ를 출시하며 메신저 사업을 시작했다. 중요한 점은 텐센트가 단순한 카피캣에 머무르지 않고 창조적 모방을 통해 원조를 뛰어넘는 성공을 거뒀다는 것이다. 이미 PC가 대중화된 선진국과 달리 당시 중국은 개인용 PC가 제대로 보급되지 않은 상황이었기 때문에 메시지와 친구 정보가 PC에 저장되는 ICQ 방식은 적합하지 않았다. 카페와 같은 외부에서 인터넷에 로그인하면 친구와 이전에 주고받던 메시지는 물론 친구 리스트 자체가 삭제됐다. 이에 텐센트는 사용자 정보를 PC가 아닌 서버에 저장함으로써 이와 같은 문제를 해결했고 사용자 편의성도 개선했다. 또한 인터넷 환경이 불안정한 중국의 현실을 고려해 프로그램 용량을 대폭 줄였고 오프라인 상태에서도 친구에게 메시지를 남길 수 있도록 했다. 그뿐만 아니라 익명성이 지배하는 인터넷 공간에서 자신을 차별화하고자 하는 젊은 세대의 욕구를 파악해 출시한 가상 아바타가 빅히트를 치면서 텐센트가 사업 초기에 재정적 기반을 다지는 데 크게 기여했다. 뒤이어 등장한 위챗 역시 입력이 불편한 한자 병음 대신 음성으로 메시지 보내기, 근처에 있는 친구 찾기, 모멘트朋友圈로 일상생활 공유하기 기능을 통해 기존 서비스가 얼마나 창조적으로 진화할 수 있는지를 보여줬다. 이를 바탕으로 텐센트는 중국에서 가장 많은 SNS 유저를 보유한 인터넷 기업으로 성장했고 향후 다른 영역으로 사업을 확장하는 데 필요한 핵심 네트워크를 구축할 수 있었다.

2003년 온라인 게임 사업에 진출하면서 텐센트의 성장 속도에 가속도가 붙었다. 2000년대 중반만 해도 한국 게임의 수입상에 불과했던 텐센트는 이후 독자적인 게임 개발과 SNS 플랫폼을 활용한 마케팅 등을 통해 게임업계에서 빠르게 존재감을 키웠다. 특히 처음에는 무료로 게임을 제공하다가 이후 캐릭터를 돋보이게 하거나 게임 경험을 향상시키는 아이템을 판매하는 부분 유료화를 도입해 큰 성공을 거뒀다. 물론 이 역시 한국 게임업체들의 비즈니스 모델을 모방한 것이었지만, 이후 규모의 경제와 공격적인 M&A를 통해 텐센트는 중국 최대 온라인 게임업체로 자리매김했다. 온라인 게임을 비롯해 포털, 이메일, 뉴스 등 각종 분야에서 선두 업체들보다 출발이 늦었지만, 기존 서비스와의 연결성을 강화하고 교차 홍보에 집중하면서 IT 서비스 제품을 출시할 때마다 각 분야의 시장점유율 선두에 올라서는 등 뛰어난 성과를 거뒀다.

텐센트가 진정한 의미의 플랫폼 기업으로 부상한 것은 2011년부터다. 이전까지 핵심 캐시카우인 SNS와 게임 사업의 기틀을 다지는 데 주력했다면, 2011년부터는 개방형 혁신 생태계를 조성하면서 플랫폼 기업으로 탈바꿈했다. 텐센트의 역사를 2011년 이전과 이후로 나눌 수 있다고 해도 과언이 아닐 정도다. 변화를 이끈 것은 공격적인 투자였다. 텐센트는 개방형 혁신 플랫폼을 구축하기 위해 2011년 1월 '텐센트산업윈윈펀드腾讯产业共赢基金'를 조성한 다음 스타트업에 대한 투자를 크게 늘렸다. 2011년 20여 건에 불과했던 텐센트의 투자는 2018년에는 169건으로 크게 늘었으며, 사업 영역 역시 금융, 전자상거래, 차량 공유, 엔터테인먼트, 교육 등 전방위적으로 확대됐다. 그리고 이 과정에서 텐센트는 그동안 축적해놓은 방대한 유저 기반과 디지털 인프라를 자신이 투자한 혁신 스타트업들과 공유함으로써 개방적인 생태계를 조성했다. 특히 2015년에 온라인 게임인 '리그오브레전드League Of Legends, LOL'를 개발한 미국의 라이엇게임스Riot Games를 인수한 데 이어 2016년에 모바일 게임업체인 핀란드의 슈퍼셀Supercell을 인수하면서 텐센트는 중국을 넘어 글로벌 최대 게임업체로 성장했다. 참고로 텐센트는 자체적으로 웬만한 글로벌 투자은행IB

텐센트의 기업 및 서비스에 대한 투자 건수 추이

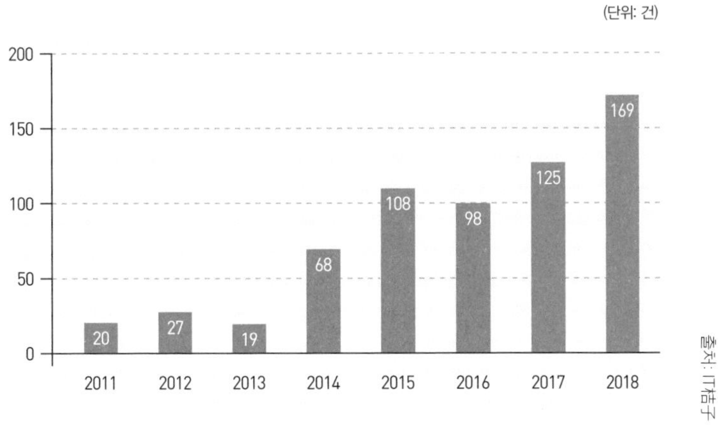

과 비교해도 손색이 없을 정도의 금융 전문 인력과 자금력을 갖추고 있으며 2017년에는 전체 순이익의 4분의 1가량이 투자주식평가이익valuation gains일 정도로 높은 수익률을 기록한 바 있다.

무엇보다 텐센트가 플랫폼 기업으로 도약하려는 거대한 프로젝트에 화룡점정을 찍은 것은 모바일 메신저 위챗(2011년)과 위챗페이(2013년) 출시다. 텐센트는 본인 인증, 결제, 클라우드 등 다양한 서비스를 제공하는 위챗과 위챗페이를 다른 기업들에 개방함으로써 혁신 스타트업의 인큐베이터 역할을 했다. 스타트업과 위챗 계정을 연동해 신규 고객을 끌어오고 위챗페이로 결제 과정을 간소화하는 것은 물론, 비즈니스 인프라인 위챗 공식 계정과 미니 프로그램을 통해 기업 홍보와 마케팅 툴을 제공했다. 기술력은 있지만 자금과 네트워크가 부족한 스타트업들에 텐센트는 자사의 핵심 인프라를 제공함으로써 스타트업의 서비스 질을 향상시켰고, 이는 다시 이용자 수 증가로 이어지는 선순환을 이뤄냈다. 유니콘(기업가치 10억 달러 이상인 비상장 기업)을 넘어 데카콘(기업가치 100억 달러 이상인 비상장기업)으로 성장한 핀둬둬(전자상거래)와 메이퇀뎬핑(소셜커머스), 디디추싱(공유 자동차) 등이 모두 텐센트의 투자와 인프라 지원을 받은 기업이라는 점에서 텐센트가 구축한 혁신 생태계가 중국 IT 산업에 얼마나 큰 영향을 미치고 있는지 단적으로 알 수 있다.

이러한 성과는 텐센트의 주가에서도 확인할 수 있다. 다음 그래프에서처럼 2004년 6월 상장 이후 완만하게 상승하던 텐센트 주

텐센트 성장단계별 주가 변화

가는 2011년을 기점으로 급격한 상승세를 보였다. SNS와 게임 등 주력 사업이 견고한 성장세를 보이는 가운데, 위챗을 기반으로 한 개방형 혁신 플랫폼 전략이 커다란 시너지 효과를 발휘했기 때문이다. 바라트 아난드Bharat Anand 미국 하버드 대학교 경영대학원 교수가 《콘텐츠의 미래》에서 다음과 같이 평가한 것도 같은 맥락이다.

텐센트는 획기적인 아이디어와 변화를 도입하고 나서 신제품에 기존의 사용자 연결 관계를 완벽하게 활용했다. 텐센트는 수익이 발생하면 새로운 수익을 창출하기 위해 광고에 의존하지 않았다. 그보다 연결 관계에서 얻는 가치를 위해 자발적으로 돈을 지불하는 사용자들을 확보하려 애썼다. 그런 다음 연결 관계의 심리 작용에 대한 이해를 더욱 새롭게 다졌다. 이 일들은 반복해서 하고 또 했다. 텐센트는 진정한 연결 관계의 관리가 무엇인지를 우리에게 보여주었다.

★ 올인원 앱, 공식 계정과 미니 프로그램

위챗이 왜 텐센트 플랫폼 비즈니스의 핵심인지 알기 위해서는 공식 계정과 미니 프로그램에 관해 이해할 필요가 있다. 우선 2012년에 출시된 위챗의 공식 계정은 기업의 콘텐츠 공유 플랫폼으로 중국에서 마케팅이나 비즈니스를 진행하려면 반드시 필요한 툴이다. 사용자가 위챗 친구 추가를 통해 기업의 공식 계정을 팔로우하면 해당 기업의 뉴스 콘텐츠와 제품 정보, 이벤트 쿠폰 등을 받아볼 수 있다. 페이스북의 '페이지'나 카카오톡의 '플러스 친구'와 유사한 컨셉이지만 기능과 활용도 면에서 훨씬 진일보한 서비스다.

위챗의 공식 계정이 중국 비즈니스 생태계의 중심으로 떠오른 것은 2013년 텐센트가 위챗 플랫폼을 오픈하면서부터다. 기업들은 위챗 플랫폼의 API(응용 프로그램 인터페이스)를 통해 제품과 서비스 주문, 프로모션, 회원 관리 등 다양한 기능을 구현할 수 있게 됐다. 실제로 비용이 많이 들고 효과도 적은 자체 앱이나 홈페이지 대신, 노출 빈도와 홍보 효과가 큰 위챗 공식 계정을 활용하는 기업들이 크게 늘었다. 소비자들 역시 위챗 공식 계정을 기업의 일방적인 제품 홍보 채널이 아닌 기업과 소통할 수 있고 제품이나 서비스와 관련해 유익한 정보를 얻을 수 있는 경로로 인식하면서 적극적으로 사용했다. 이에 2014년 805만 개였던 위챗 공식 계정 수는 2017년 2,100만 개를 넘어서며 중국에서 대체 불가능한 비즈니스 채널로 자리 잡았다.

위챗 공식 계정은 크게 구독형 계정, 서비스형 계정, 기업형 계정으로 나뉜다. 구독형 계정은 기업이 하루에 한 번씩 팔로워에게 최신 소식과 이벤트 등을 홍보할 수 있는 일종의 미디어 채널이다. 주로 소비자들이 사용하는 계정으로 개설이 쉽다. 기업이 전한 뉴스가 재밌거나 유익할 경우 팔로워는 모멘트 등 자신의 SNS에 공유할 수 있고 이러한 팔로워 네트워크를 통해 뉴스가 빠르고 신뢰성 있게 전파된다. 인지도가 낮은 신생 기업들이 자사 브랜드를 각인시키고 실시간으로 소비자들과 소통할 수 있는 채널이다. 서비스형 계정은 중국 로컬 기업들이 가장 많이 사용하는 계정으로 뉴스 발신뿐 아니라 구매, 프로모션, 결제, 회원 관리 등 다양한 기능을 수행할 수 있다. 기업형 계정은 기업의 인트라넷처럼 사내 구성원에 대한 정보 공유와 내부 관리 효율화 등에 활용한다.

한편 샤오청쉬小程序라고 불리는 미니 프로그램은 텐센트가 2017년에 출시한 모바일 앱 스트리밍 서비스로 공식 계정과 함께 커다란 시너지 효과를 내고 있다. 위챗 유저라면 별도로 앱을 다운받을 필요가 없고 앱 속에서 새로운 페이지가 열리는 방식으로 구동된다. 하루가 멀다 하고 수많은 앱이 쏟아지는 상황에서 소비자들은 더 이상 새로운 앱을 깔고 회원가입을 해야 하는 번거로움을 원하지 않으며, 기업들 역시 자사의 앱을 노출시키고 제품과 서비스를 홍보하는 데 상당한 어려움을 겪고 있다. 미니 프로그램은 바로 이러한 문제를 한 번에 해결했다. 미니 프로그램 앱 수는 출시 3년 만에 500만 개를 넘었고, 일간 활성 이용자 수DAU도 4억 명을 돌파하며 중국 모바일 생태계를 뒤흔드는 게임 체인저가 됐다.

미니 프로그램의 최대 강점은 위챗 안에서 검색, QR코드 스캔만으로 음식 배달, 온라인 쇼핑, 게임 등 다양한 서비스를 이용할 수 있다는 점이다. 또한 기존 앱에 비해 훨씬 적은 저장공간만 있으면 되고, 별도의 회원가입 절차도 필요 없다. 단적인 예로 디디추싱을 안드로이드 앱스토어에서 와이파이로 다운로드할 경우 34초의 시간과 198.2MB의 저장공간이 필요한 데 반해, 미니 프로그램을 통해 디디추싱에 접속하는 데는 4초밖에 걸리지 않고 10MB 이하의 저장공간만 있으면 된다. 사용자가 미니 프로그램을 열면 공개된 나의 위치 정보를 바탕으로 주변의 오프라인 상점에서 제공하는 다양한 이벤트 정보를 받아볼 수 있다. 무엇인가 필요한 소비자에게 단순히 검색 서비스만이 아니라 솔루션을 제공해 행동(구매)으로 이어질 수 있는 최단 경로를 안내하는 것이 특징이다. 기업들 역시 소비자들이 언제 어디서나 방문 가능한 모바일 점포를 구축하고 표준화된 서비스를 제공할 수 있다는 이점이 있다. 무엇보다 위챗의 방대한 유저 풀과 결제 시스템을 활용할 수 있고 사용자 선호도 및 접속 빈도, 체류 시간 등의 데이터를 기반으로 한 타깃 마케팅도 가능하다. 2019년 위챗 유저가 미니 프로그램을 통해 거래한 규모가 전년 대비 160% 늘어난 8,000억 위안(약 134조 원)에 이를 만큼 선풍적인 인기를 끌고 있다.

이처럼 위챗의 미니 프로그램이 대박을 터뜨리자 알리바바, 바이두, 바이트댄스 등 중국의 주요 IT 업체들도 미니 프로그램 플랫폼 개발에 적극 나서고 있다. 모바일에 기반한 플랫폼의 영향력이 갈수록 커지는 상황에서 추가적인 프로그램 설치나 회원가입 절차 없이 통합 마케팅과 고객관계관리CRM가 가능하다는 점이 장점으로 부각되면서 기업과 소비자 모두에게 큰 호응을 얻고 있기 때문이다. 초기 미니 프로그램에는 주로 게임과 같은 소비성 콘텐츠의 비중이 높았지만, 2019년 이후 중국 기업은 물론 해외 기업들도 적극 활용하며 온라인 쇼핑, 여행, 라이프 스타일 등 다양한 분야로 확장됐다. 시장조사기관 아이메이왕艾媒网에 따르면 2018년 200만 개였던 미니 프로그램 수는 2020년에 1,400만 개로 급증하고 같은 기간 미니 프로그램 이용자 수도 4억 명에서 8억 5,000만 명으로 늘어날 것으로 예상된다.

대표적인 예로 알리바바는 텐센트에 비해 이용 빈도가 낮고 커뮤니티 기능이 취약하다는 단점을 보완하기 위해 2018년 9월 모바일결제 시스템인 알리페이의 미니 프로그램을 출시했다. 이를 통해 O2O 서비스, 대출, 공과금 납부 등의 서비스를 제공하고 있으며, 특히 허마셴성盒马鲜生 등 오프라인 유통 채널과 시너지를 극대화하기 위한 전략을 추진하고 있다. 바이두 역시 2018년 7월 미니 프로그램을 출시한 데 이어 같은 해 12월에는 '스마트 미니 앱' 기능을 출시했다. 이에 따라 사용자들은 바이두 미니 프로그램을 자회사인 OTT 플랫폼 아이치이와 온라인 여행사 씨트립 등 12개 주요 앱에서 사용할 수 있게 됐다.

★ 텐센트 앞에 놓인 도전 과제

텐센트가 중국 플랫폼 산업에서 막강한 위상을 구축했지만, 여전히 넘어야 할 산도 많다. 최근 중국에서 도우인, 콰이쇼우 등을 필두로 짧은 동영상Short-form video 시장이 급성장하면서 텍스트와 이미지 콘텐츠가 중심인 텐센트의 트래픽을 위협하고 있다. 도우인을 운영하는 바이트댄스는 현재 중국인들의 전체 인터넷 소비 시간의 10%를 차지하고 있는데, 이는 1년 전보다 2배 이상 늘어난 수치다. 디지털 광고 시장에서 인터넷 기업들과 경쟁이 치열해지자 텐센트도 자체적인 짧은 동영상 앱인 웨이스微視를 운영하고 있지만 아직 바이트댄스의 아성에는 미치지 못하고 있다. 또한 텐센트의 위챗이 일상생활보다는 비즈니스 중심으로 특화되다 보니 젊은 세대 이용자들에게 외면받는 경향이 점점 심화하고 있다. 실제로 기성세대들이 비즈니스와 미디어 소비를 갈수록 위챗에 의존하게 되면서 중국의 소셜미디어 웨이보에는 '위챗이 기본 오피스 앱이 됐다WeChatHasBecomeTheDefaultOfficeApp'라는 해시태그가 유행하기도 했다. 위챗이 개인용이 아닌 업무용으로 지나치게 변질되고 있는 것에 대한 불만의 표시였다. IT 전문매체 아바쿠스Abacus에 따르면 2000년 이후 출생자 중 15%만 매일 위챗에 게시물을 포스팅한 데 반해, 도우인의 경우 이용자의 절반 이상이 1995년 이후 출생자인 것으로 나타났다. 이에 텐센트는 학교 동창을 연결해주는 소셜 앱인 펑요우朋友, 영상 채팅 앱인 마오후猫呼 등을 내놓으며 젊은 세대 공략에 나서고 있지만 가시적인 성과를 얻으려면 시간이 더 필요할 것으로 보인다.

08

금융의 진화, 핀테크 레볼루션

★ 핀테크를 넘어 테크핀으로

글로벌 금융 패러다임이 전환기를 맞고 있다. 저금리 기조가 장기화하면서 금융회사들의 수익원에 대한 불확실성이 커진 데다가 IT 기술혁신으로 금융 환경이 빠르게 변하고 있기 때문이다. 특히 초대형 IT 기업들이 금융회사와 손잡거나 단독으로 금융 산업에 진출하면서 전통 금융회사들은 생존의 위협을 느낄 만큼 심각한 도전에 직면해 있다. 그리고 이러한 변화의 중심에는 전 세계에 확산되고 있는 '핀테크 혁신'이 있다. 핀테크FinTech는 금융Financial과 기술Technology의 합성어로 SNS, 빅데이터 등 IT 기술을 활용해 전통적인 금융 서비스와 차별화된 서비스를 제공하는 것을 의미한다. 핀테크 혁신은 인터넷과 모바일을 통한 결제와 송금, P2P 대출에서부터 개인 자산관리, 크라우드펀딩에 이르기까지 전방위적으로 사업 영역을 확장하며 이미 거스를 수 없는 메가트렌드로 자리 잡았다.

전 세계적으로 핀테크 혁신을 주도하는 국가는 다름 아닌 중국이다. 중국의 초대형 IT 기업들은 단순한 결제 플랫폼을 넘어 일상생활과 밀접히 연관된 새로운 금융 서비스를 선보이며 금융산업의 지형을 근본적으로 바꾸고 있다. 중국의 핀테크 도입률은 87%로 글로벌 1위며, 글로벌 컨설팅 업체인 KPMG에 따르면 2019년 글로벌 핀테크 TOP 10에 선정된 중국 기업은 앤트파이낸셜, 징동 디지털 과학기술, 두샤오만금융 3곳이다. 2014년에 글로벌 핀테크 TOP 10에 포함된 중국 업체가 하나도 없었던 점을 감안하면 상전벽해다. 실제로 중국 내 거의 모든 결제는 스마트폰의 QR코드와 안면 인식으로 이뤄진다. 상점에서 현금을 사용하는 사람은 외국인과 노인뿐이라는 말이 있을 정도다. 중국인의 90% 이상이 모바일결제 수단으로 알리페이나 위챗페이를 사용하고 있으며, 모바일결제 규모는 2018년 기준으로 277조 4,000억 위안(약 4경 7,000조 원)에 이른다.

이제 중국의 핀테크는 IT가 금융업을 주도하는 테크핀Techfin으로 진화하고 있다. 테크핀이란 2016년에 마윈 알리바바 전 회장이 주창한 개념으로 금융과 기술의 합성어인 핀테크의 앞뒤만 바꾼 것이지만, 둘 사이에는 엄연한 차이가 있다. 마윈 전 회장은 '핀테크는 기존의 금융 시스템 기반 위에 IT를 접목시킨 서비스인 반면 테크핀은 IT 바탕 위에 금융 시스템을 구축한 서비스'라고 정의한 바 있다.

▌글로벌 핀테크 기업 TOP 10(2019년 기준)

순위	기업명	소속 국가
1	앤트파이낸셜	중국
2	그랩	싱가포르
3	징동 디지털 과학기술	중국
4	고젝	인도네시아
5	페이티엠	인도
6	두샤오만금융	중국
7	컴퍼스	미국
8	올라	인도
9	오픈도어	미국
10	오크노스	영국

출처: KPMG

핀테크가 은행, 증권사 등 전통 금융회사들이 IT 기술을 활용하는 방식이었다면 테크핀은 태생부터 IT 사업으로 시작한 테크 기업들이 혁신적인 금융 서비스를 제공하는 것을 의미한다. 실제로 중국에서는 알리바바, 텐센트, 바이두 등 IT 기업들이 방대한 데이터와 첨단 기술을 바탕으로 금융 혁신을 주도하고 있다. 자사의 핀테크 플랫폼을 통해 자산 운용, 온라인 보험뿐 아니라 교육, 문화 콘텐츠, 헬스케어 등 각종 생활 서비스가 융합된 서비스를 제공함으로써 전통 금융회사의 온라인 금융 서비스보다 월등한 우위를 점하고 있다.

중국 결제 시스템이 모바일결제에서 안면 인식 결제로 진화하고 있는 것도 금융회사가 아닌 첨단 IT 기업이 금융 혁신을 주도하고 있기에 가능한 것이다. 최근 중국에서는 마트, 편의점에서 스마트폰 없이 안면 인식만으로 결제가 가능하고, 대중교통 탑승, 공항 출국 심사, 호텔 체크인에서도 안면 인식 기술이 적용된다. 특히 알리바바와 텐센트는 각각 오프라인 안면 인식 지불 기기인 칭팅蜻蜓과 칭와青蛙를 상용화하며 안면 인식 결제 확산의 선봉장 역할을 하고 있다. 시장조사기관 아이미디어리서치에 따르면 중국의 안면 인식 결제 이용자는 2019년 1억 1,800만 명에서 2022년에는 7억 6,000만 명으로 급증하면서 현재 널리 쓰이는 QR코드 결제를 대체할 것으로 전망된다. 불과 3년 만에 QR코드가 아닌 얼굴로 소비하는 시대가 도래한다는 의미다.

★ 중국 핀테크 혁신의 원동력

중국에서 핀테크 산업이 빠르게 성장할 수 있었던 이유는 역설적으로 그만큼 중국의 금융 시스템이 낙후되어 있었기 때문이다. 비교적 최근까지만 하더라도 중국의 금융 시스템은 국영은행을 중심으로 이뤄졌고, 중국 정부가 국영기업의 자금 조달 비용을 낮추기 위해 대출금리를 낮게 억누르면서 은행 대출에 대한 만성적인 초과수요 현상이 나타났다. 문제는 이 같은 저금리 혜택이 국영기업에만 돌아갔고 중소기업이나 가계 부문은 필요한 자금을 은행에서 조달하기가 매우 어려웠다는 점이다. 중국의 핀테크 혁신은 금리가 낮은 상황에 필요한 자금을 얻지 못하는 사각지대의 수요를 빨아들이며 빠르게 성장할 수 있었다. 저신용 사회인 탓에 신용등급을 산출하기 어려워 신용카드 보급이 더디게 이뤄진 데다 현금 자동 인출기ATM, 결제 단말기POS 등의 금융 인프라가 열악한 점도 한몫했다.

하지만 이러한 구조적 요인에도 불구하고 첨단기술과 혁신 마인드로 무장한 IT 기업들이 없었다면 중국의 핀테크 산업이 이처럼 빨리 성장하긴 어려웠을 것이다. BAT로 대변되는 중국의 거대 IT 기업은 전자상거래, SNS 등의 플랫폼을 활용해 기존 금융회사들이 제공하지 못했던 서비스를 제공하며 고객들의 신뢰를 얻었다. 알리페이는 단돈 1위안으로도 재테크 투자를 할 수 있게 했고, 담보 없이도 온라인 쇼핑, 공공요금 결제, 주택 임대 정보 등을 활용해 대출해 주는 서비스를 내놨다. IT 기업들이 주도권을 갖고 사업을 추진할 수 있도록 중국 정부가 사후적 규제에 초점을 맞춘 것도 중국에서 핀테크 산업이 발전하게 된 중요한 배경으로 작용했다. 지급 결제, 수신과 같은 부문에서 기득권을 위협받은 국영은행이 거세게 반발했음에도 불구하고 중국 정부는 IT 기업에 과감히 혁신의 길을 터줬고, 이는 핀테크 혁신의 기폭제로 작용했다. 결국 중국 핀테크 산업의 폭발적인 성장은 국영은행에 억눌려 있는 소비자들의 욕구와 알리바바, 텐센트 등 IT 기업의 혁신, 그리고 금융개혁을 추진하고자 하는 정부의 정책이 결합하면서 이뤄진 것이라고 할 수 있다.

★ 세계 최대 금융 유니콘, 앤트파이낸셜

중국의 핀테크 혁신을 가장 선두에서 이끌고 있는 기업은 알리바바의 금융 자회사인 앤트파이낸셜이다. 앤트파이낸셜은 알리바바 핀테크 전략의 핵심이자 중국을 현금 없는 사회로 변화시킨 주역이다. 앤트파이낸셜의 태동은 2004년으로 거슬러 올라간다. 당시 알리바바는 자사 전자상거래 플랫폼인 타오바오의 결제 수단으로 알리페이를 출시했고, 2007년에는 다른 전자상거래 플랫폼들도 알리페이로 결제할 수 있게 했다. 이어 2008년 자사 플랫폼 사업자들에게 대출 서비스를 제공하고, 2009년에 모바일결제를 도입했으며, 2013년에는 이용자들이 결제하고 남은 여유자금을 운용해 수익을 내는 위어바오余额宝를 출시했다. 위어바오는 은행 예금보다 훨씬 높은 수익률과 사용자 편의성에 힘입어 2018년 말 기준으로 이용자 수 5억 8,000만 명, 운용자산 1조 1,300억 위안에 이르는 초대형 머니마켓펀드MMF로 성장했다.

2014년 알리페이는 알리바바의 금융 자회사인 앤트파이낸셜로 분리됐고, 이듬해인 2015년에 인터넷전문은행인 마이뱅크Mybank와 신용평가 시스템인 즈마신용芝麻信用을 출범시키며 지급 결제, 대출, 자산운용, 신용등급평가 등 금융업 전반을 아우르는 핀테크 기업으로 발돋움했다. 앞의 표에서처럼 앤트파이낸셜은 빅데이터의 집합소로 알리바바 생태계에서 핵심적인 역할을 맡고 있다. 알리바바가 새로운 서비스를 출시하고 수억 명의 고객에게 맞춤형 서비스를 제공

▎앤트파이낸셜 주요 사업 구조

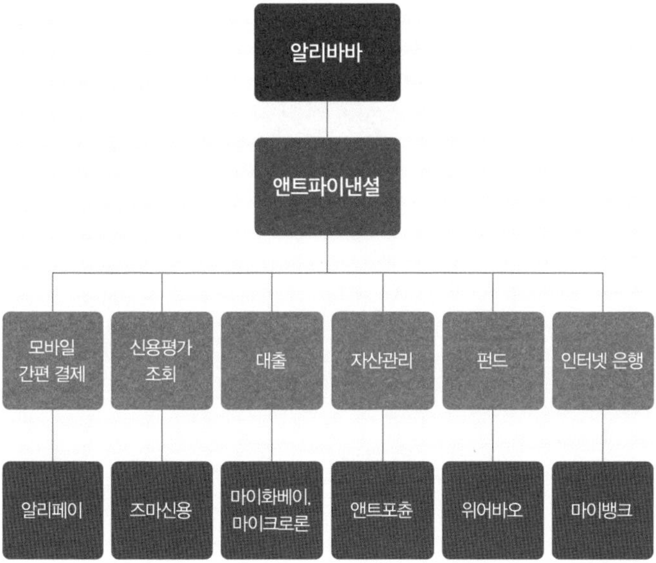

출처: KERI

하는 과정에 없어서는 안 되는 회사가 다름 아닌 앤트파이낸셜이다.

앤트파이낸셜의 핵심 자회사인 마이뱅크를 좀 더 자세히 살펴보자. 2015년에 출시된 마이뱅크는 국영은행이 외면해왔던 중소기업들에 금융 서비스를 제공했고, 이러한 서비스가 크게 인기를 얻으며 출시 2년 만에 350만 개 중소기업에 2,000억 위안(약 34조 원)을 대출해줬다. 그뿐만 아니라 디지털 혁신과 운영비용 절감 등을 통해 국영은행들보다 월등히 높은 순이자마진NIM을 기록하고 있고, 부실채권 비율도 매우 낮은 수준을 유지하고 있다.

마이뱅크와 중국 대형은행의 부실채권 비율

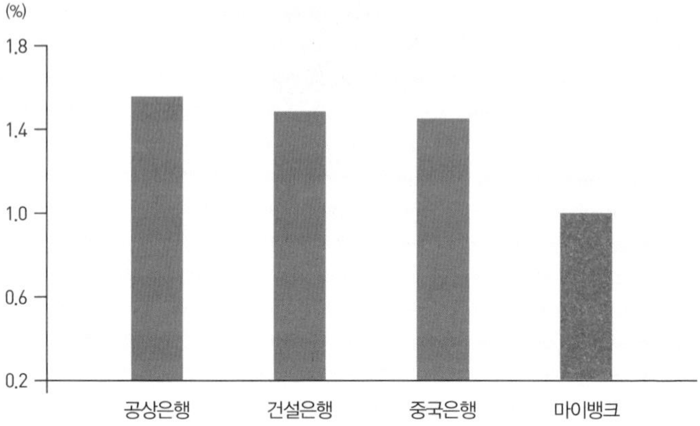

출처: bloomberg

마이뱅크의 부실채권 비율NPL이 국영은행보다 낮은 것은 결코 우연이 아니다. 모회사인 알리바바의 티몰, 타오바오 등이 전자상거래에서 얻은 빅데이터를 자체 신용평가 시스템에 활용함으로써 기존 은행과는 차별화된 소액 대출 서비스를 제공하고 있기 때문이다. 구체적으로 마이뱅크는 알리바바의 전자상거래 플랫폼에 입점해 있는 기업들을 위한 대출 서비스 왕상다이网商贷를 통해 기존 금융권에서 대출받기 어려운 중소기업들에 대출해주고 있다. 여기서 주목할 만한 점은 마이뱅크는 재무구조가 취약한 중소기업에 대출해주는 과정에서 기존 은행처럼 담보를 요구하지 않는다는 것이다. 해당 기업의 결제 내역과 판매 제품 불량률, 재고 부담, 현금 회전율, 고객 만족도 등 다양한 정보를 활용해 기업의 상환능력을 정밀하게 평가할 수 있기 때문이다. 이뿐만 아니라 마이뱅크는 현재 알리바바의 전자상거래 플랫폼을 활용하는 1,000만 개 이상의 기업들로부터 얻은 데이터를 통해 대출 심사의 정확도를 높이고 있다. 대출을 갚지 않으면 전자상거래 플랫폼에 입점이 제한되는 점도 연체율을 낮추는 데 큰 효과를 발휘하고 있다.

마이뱅크의 이와 같은 리스크 관리 능력은 기존의 국영은행들이 결코 흉내 낼 수 없는 것이다. 예를 들어 국영은행들은 1년에 한두 번 찾아오는 고객들이 제출하는 서류상의 소득 증빙과 담보를 근거로 대출 심사를 하는데, 이러한 방식으로 파악된 소득은 불확실성이 클 수밖에 없다. 당연히 대출 문턱과 금리 역시 높아진다. 전자상거래 플랫폼을 활용한 마이뱅크가 광범위한 정보를 실시간으로 파악해 대출자의 상환능력을 정밀하게 측정하고 이들에게 적정한 금리를 부과하는 것과 대조적이다.

마이뱅크의 강점은 일반 소비자 대출에서도 잘 나타난다. 마이뱅크는 신용평가 시스템인 즈마신용을 통해 대출 심사를 진행한다. 즈마신용은 알리바바의 전자상거래를 포함한 각종 서비스 결제 내역과 요금 납부 상황, 신용카드 연체 여부, 가입한 재테크 상품 등의 데이터를 기반으로 개인의 신용을 지수화한다. 마이뱅크는 이 데이터를 바탕으로 대출 신청자의 상환능력을 계산해 대출 여부와 금액을 결정하는 것이다. 변동성이 큰 소득보다는 장기간 누적된 소비 패턴이 담긴 빅데이터 분석을 기반으로 하기 때문에 부실채권 비율을 낮추고 수익성을 높일 수 있다. 즈마신용은 다양한 데이터를 바탕

알리바바 핀테크 혁명을 이끄는 앤트파이낸셜은 말 그대로 개미들을 위한 금융임을 자처한다. 중소기업에 대한 대출을 늘리면서도 디지털 혁신과 운영비용 절감을 통해 높은 순이자마진과 낮은 부실채권 비율을 유지한다.

으로 은행과 거래가 없는 개인에게도 금융 신용을 증명할 도구를 제공함으로써 중국이 신용사회Credit Society로 변모하는 데 크게 기여하고 있다.

이러한 앤트파이낸셜의 약진은 중국 금융산업에 불어닥친 거대한 변화의 일부분에 불과하다. 현재 중국에서 급부상하고 있는 인슈테크Insutech(보험과 기술의 합성어) 역시 중국 금융산업의 패러다임 전환을 잘 보여주는 사례다. 중국 1위 인슈테크 기업인 평안보험을 자세히 살펴보자.

★ 평안보험, 공룡 보험사에서 혁신 플랫폼으로

운전자가 교통사고로 파손된 차량의 사진을 스마트폰으로 찍어 보험사에 보내면 인공지능 컴퓨터가 3분 이내 수리비 견적을 뽑아준다. 운전자가 이 견적을 받아들이면 모든 절차가 완료되고 보험사는 즉시 보험금을 지급한다. 이 과정이 가능한 이유는 2017년에 구축된 초고속 현장 조사superfast onsite investigation 시스템이 2,500만 개의 자동차 부품 데이터베이스와 사고 차량 사진을 대조한 후 14만여 곳의 정비소에서 제공하는 부품 및 인건비 데이터를 바탕으로 견적을 계산해 주기 때문이다. 이러한 시스템을 활용한 해당 보험사는 2018년 전체 청구 건수의 62%인 730만 건을 처리했으며, 허위 청구와 직원들의 견적 실수를 줄여 연간 7억 5,000만 달러 이상을 절감하는 효과를 거뒀다.

이는 중국 최대 민영 보험사인 평안보험에 관한 이야기다. 규제 산업에 속하는 금융업에서 평안보험과 같은 공룡기업이 플랫폼 비즈니스로 성공적으로 전환한 사례는 매우 드물다. 평안보험은 전통 업종에 속한 보험업에서 시작해 고객의 일상생활과 밀접히 연관된 분야로 플랫폼 생태계를 확장하고 있으며, 이 과정에서 인공지능과 빅데이터 분석 기술을 적극 활용하고 있다. 산하의 다양한 혁신 플랫폼을 통해 고객과의 접점을 확대하고 이를 통해 얻은 데이터를 바탕으로 더 나은 서비스를 제공하고 있는 것이다. 평안보험의 최대 강점은 보험상품 다각화로 안정적인 사업 포트폴리오를 갖추고 있을 뿐만 아니라 첨단 IT 기술을 활용해 신성장 동력인 헬스케어, 핀테크 부문을 키우면서 기존 보험산업과 시너지 효과를 창출한다는 점이다. 디지털 트랜스포메이션을 통해 업業의 경계를 뛰어넘고 있는 것이다. 여기에는 평안보험이 지난 30년간 축적한 방대한 데이터가 핵심적인 역할을 하고 있다. 《포춘》이 평안보험을 집중 조명한 기사의 제목을 '데이터로 쌓아 올린 평안보험의 성Ping An's Castle Made Of Data'이라고 정한 것도 이러한 배경에서다.

실제로 평안보험은 IT 기업이라고 불러도 손색이 없을 만큼 IT 분야에 공격적으로 투자하고 있다. 매년 매출의 1%에 해당하는 자금을 IT 분야에 투자하고 있으며 2만 4,000명의 소프트웨어 엔지니어와 1,000여 명의 인공지능, 빅데이터 전문가를 보유하고 있다. 출원한 IT 관련 지식재산권만 1만 8,000건이 넘는다. 평안보험은 향후 10년간 150억 달러를 IT 혁신에 투자할 것이라고 밝혔는데, 이는 알리바바나 텐센트와 비교해도 결코 뒤지지 않는 수치다. 그리고 이를 통해 전체 이익에서 혁신 사업이 차지하는 비중을 현재 6%에서 50%까지 확대하겠다는 야심 찬 목표를 품고 있다.

특히 평안보험은 루닷컴Lu.com, 평안굿닥터Pingan Good Doctor, 원커넥트OneConnect 등 핀테크 자회사를 갖고 있는데, 이들 기업가치만 700억 달러에 이른다. 먼저 중국 최대 P2P 대출업체인 루닷컴은 온라인 대출과 자산관리 업무를 맡고 있으며, 소득·소비성향, 거주지역 등의 정보를 바탕으로 AI를 활용해 고객 맞춤형 금융 서비스를 제공하고 있다. 루닷컴의 고객당 평균 대출 금액은 알리바바나 텐센트보다

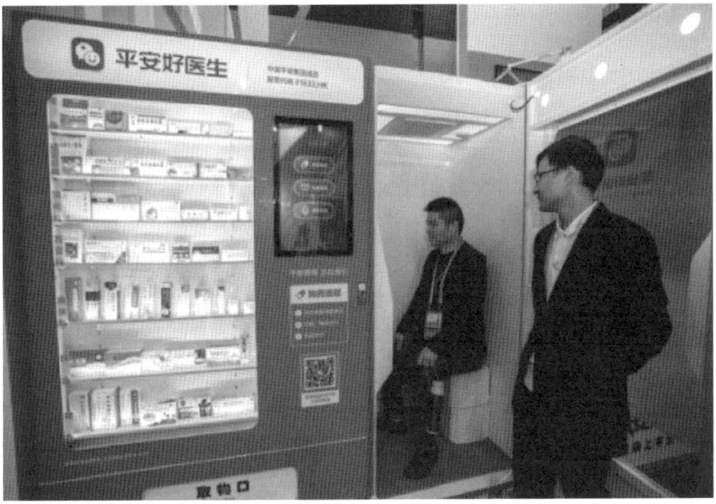

출처: 신화사

원격진료가 가능한 평안굿닥터의 무인 AI 진료소다. IT 기업이라고 불러도 손색이 없는 평안보험은 2만 4,000명의 소프트웨어 엔지니어와 1,000여 명의 인공지능, 빅데이터 전문가를 보유하고 있다.

도 훨씬 크며, 심지어 고객당 평균 위탁 자산 규모는 약 5만 위안으로 무려 알리바바나 텐센트의 50배다. 평안보험의 든든한 자금력과 광범위한 금융 데이터가 뒷받침했기에 가능한 일이었다.

2015년에 설립된 평안굿닥터는 AI를 활용해 의료 자문과 예약 진료 서비스를 제공하는 온라인 의료 플랫폼으로 홍콩거래소에 상장한 기업이다. 2020년 초 발생한 신종 코로나바이러스 감염증 사태로 평안굿닥터가 제공하는 원격의료서비스에 대한 수요가 폭증하며 주가가 급등한 바 있다. 평안굿닥터는 6,000명이 넘는 의료진, 9만 4,000개의 협력 약국 등 탄탄한 의료 인프라를 보유하고 있다. 특히 평안보험에서 파생된 고객 수요와 스마트폰 등 IT 기기 확산에 따른 온라인 의료 시장 확대에 힘입어 가파른 성장세를 보이고 있다. 2017년 말 1억 9,280만 명이었던 평안굿닥터의 등록 고객은 2019년 말 3억 1,520만 명으로 늘어났으며, 같은 기간 월 활성 이용자MAU도 2,950만 명에서 6,690만 명으로 급증했다. 세계 최초로 '무인 AI 진료소'를 선보인 것도 평안굿닥터다. 쇼핑몰, 휴게소 등에 설치된 3m² 크기의 진료소에 환자가 들어가 인공지능 프로그램에 증상을 말하면 이를 토대로 원격지에 있는 의사가 추가로 문진한 뒤 약을 처방한다. 환자는 진료소 옆에 설치된 자판기에서 약을 구매할 수 있다. 중국의 중소 도시에서는 괜찮은 의사를 만나기 어렵고, 병원에 가더라도 몇 시간을 기다리거나 수백 위안에 이르는 비용이 드는 것이 일반적이다. 이에 비해 평안굿닥터를 이용하면 제휴 의사로부터 1분 안에 진단 결과를 받아볼 수 있고, 병원비 역시 3분의 1로 줄어든다는 점에서 매우 소비자 친화적인 혁신이라고 할 수 있다.

평안보험 산하의 또 다른 핀테크 업체인 원커넥트도 빼놓을 수 없다. 2019년 12월 뉴욕증권거래소NYSE에 상장한 원커넥트는 인공지능, 블록체인 등 첨단기술을 기반으로 금융사에 솔루션을 제공하며 중국의 모든 대형 상업은행과 주요 보험사 절반을 고객으로 두고 있다. 앞서 언급한 '초고속 현장 조사' 시스템 역시 원커넥트의 '스마트 보험 시스템'이 있어 가능한 것이었고, 소비자 대출 시 안면 인식, 자연어 처리 등을 통해 신용도 및 부실 대출 판단 여부를 결정할 수 있는 것도 동사의 '생체 인증 시스템'을 활용했기 때문이다. 이러한 첨단기술이 평안보험을 포함한 그룹사에 선제적으로 적용되면서 고객 기반 확대, 손해율 감소 등 가시적인 효과를 내고 있으며, 중국 금융 및 헬스케어 산업의 발전에 크게 기여하고 있다.

09

진격의 뉴리테일, 유통산업을 뒤흔들다

★ 신유통은 왜 빠르게 확산하는가

중국의 소매 유통 트렌드가 전자상거래를 넘어 신유통으로 진화하고 있다. 신유통은 2016년 10월 마윈 알리바바 전 회장이 제시한 개념으로 온라인과 오프라인을 통합한 소매에 스마트 물류를 융합시킨 차세대 유통 모델이다. 인공지능, 빅데이터 등 첨단 ICT 기술을 활용해 제품 생산에서 유통, 판매에 이르는 전 과정을 업그레이드하고, 이를 통해 오프라인 매장을 완전히 디지털화하는 것이 핵심이다. 당시 마윈 회장은 '전자상거래 시대는 조만간 끝나고 10~20년 안에 신유통이 그 자리를 대신할 것'이라고 말했다. 실제로 이후 알리바바는 편의점과 슈퍼마켓에서부터 가구점, 대형 백화점까지 각종 오프라인 매장들을 자사의 신유통 플랫폼에 편입시키며 사업 영역을 빠르게 확장하고 있다. 알리바바가 신유통 전략으로 드라이브를 걸자 텐센트와 징동닷컴 역시 자신의 비교우위에 초점을 맞춘 '스마트 유통智慧零'과 '무경계 유통无界零售' 전략을 각각 내세우며 맞대응에 나섰다. 이들 업체가 내세우는 전략의 명칭은 다르지만 방향은 모두 같다. 온·오프라인과 물류를 결합함으로써 결제부터 배송에 이르는 모든 유통 시스템을 하나의 플랫폼으로 운영하고, 이 과정에서 축적된 데이터를 활용해 유통 효율성을 개선하고 고객 맞춤형 서비스를 제공하려는 것이다. 이렇게 볼 때 현재 중국에서 일고 있는 신유통 트렌드는 일시적인 유행이 아니라 중장기적으로 중국 유통산업의 패러다임을 바꾸는 주축이 될 전망이다.

이처럼 중국에서 신유통이 빠르게 확산하는 배경으로는 우선 과거 가파른 성장세를 보이던 중국 전자상거래 시장의 성장 속도가 최근 눈에 띄게 둔화하는 가운데 전통 오프라인 유통업체들 역시 경영난이 심화하며 새로운 수익 창출 모델이 절실해졌다는 점을 들 수 있다. 다음 그래프에서 보듯이 2013년, 2014년까지만 해도 50~60%에 육박했던 중국 전자상거래 시장의 성장률은 점차 하락해 이제 10%대 중반 수준으로 떨어졌다. 전자상거래 시장 규모가 워낙 커지다 보니 성장률이 둔화한 것도 있지만, 업체 간 경쟁 심화와 마케팅 비용 증가 등이 부담으로 작용하고 있기 때문이다. 그럼에도 중국의 전체 소비지출에서 오프라인 유통 채널 비중이 75% 수준으로 여전히 높아 온라인 업체들이 새로운 성장 동력을 모색하기 위해서는 반

▌중국 전자상거래 시장 성장률 변화

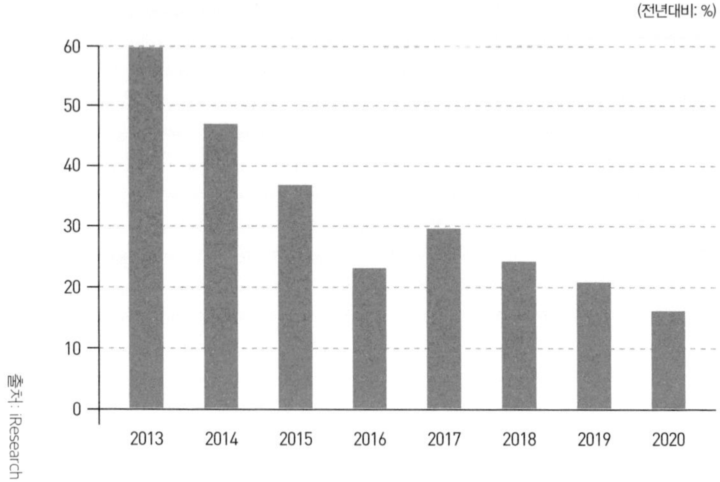

가파른 성장세를 보이던 중국 전자상거래 시장의 성장 속도가 최근 눈에 띄게 둔화하는 가운데 전통 오프라인 유통업체들 역시 경영난이 심화하며 새로운 수익 창출 모델이 절실해졌다. 중국의 소매 유통 트렌드가 전자상거래를 넘어 신유통으로 진화하고 있다.

드시 오프라인 부문으로 진출해야 하는 상황이다.

다만 오프라인 부문이 견고한 성장세를 지속하고 있는 것은 아니다. 사실 오프라인 소매업체들 역시 심각한 경영난을 겪고 있다. 전자상거래 업체들의 공세가 갈수록 거세지는 데다 최근 수년간 임대료 상승과 공급 과잉으로 수익성이 크게 악화하고 있기 때문이다. 실제로 2016년 이후 대형 백화점과 쇼핑몰, 음식점 등 많은 오프라인 매장들이 문을 닫고 있다.

신기술 적용이 쉽고 모바일결제 비율이 높은 중국의 시장 환경도 신유통의 확산에 크게 기여했다. 중국의 유통산업이 성숙하지 않은 탓에 신규 업체들의 혁신적인 시도에 대해 기존 업체들은 크게 저항하지 않았다. 소비자들 역시 개인정보에 대한 인식이 낮고 호기심이 많아 새로운 서비스를 쉽게 받아들였다. 이러한 상황에서 전자상거래 업체들은 기존 유통업체를 인수하거나 자체 오프라인 매장을 확보하면서 새로운 돌파구를 마련하고자 했다. 오프라인 업체들 또한 새로운 소매 유통 트렌드에 적응하면서 경영난을 타개하기 위해 온라인 업체와 적극적으로 협력했다.

인공지능, 빅데이터 등 첨단 IT 기술이 발전하며 온라인 업체와 오프라인 업체 간 시너지 효과를 증폭시킨 점도 신유통이 확산하는 데 플러스 요인으로 작용했다. 예전에는 알 수 없었던 오프라인 소비자들의 구매 패턴을 정밀하게 분석해 이를 토대로 효율적인 마케팅과 고객 맞춤형 서비스를 제공할 수 있게 됐기 때문이다.

신유통 업체들이 기존 온라인 플랫폼에서 취급하기 어려웠던 신선식품을 공략하고 있는 것도 이와 관련이 있다. 지금까지 신선식품은 규격화와 물류 배송이 어려운 탓에 전자상거래 침투율이 가장 낮은 품목이었다. 하지만 신유통 업체들이 물류 설비 확충과 빅데이터 분석을 통해 소비자에게 최적화된 서비스를 제공하면서 큰 호응을 얻었다. 신유통 업체 입장에서도 신선식품은 구매 빈도가 높아 집객에 유리하고 평균 구매 금액이 높다는 장점이 있다.

★ 중국 신유통의 선두주자, 알리바바

중국의 신유통 혁신을 이끌고 있는 기업은 단연 알리바바다. 전자상거래, 모바일결제, 물류시스템 등에서 확고한 경쟁력을 갖춘 알리바바는 최근 몇 년간 오프라인 유통업체들의 지분을 인수하며 시장 영향력을 빠르게 확대하고 있다. 실제로 2016년부터 2018년 상반기까지 알리바바가 온·오프라인 기업 인수에 쏟은 돈은 약 80억 달러로 이는 같은 기간 텐센트와 징동닷컴의 투자액을 합친 것보다 3배가량 많은 금액이다.

알리바바가 인수한 대표적인 기업들로 백화점 업체 인타임Intime, 대형마트 체인 리엔화世纪联华, 가구·설비업체 이지홈Easyhome 등을 들 수 있다. 2017년 1월 알리바바가 온·오프라인 통합 전략의 일환으로 23억 달러를 들여 지분을 매입한 인타임은 중국 내 29개 백화점과 17개의 쇼핑몰을 보유한 업체다. 타오바오, 티몰 등 자사의 온라인 플랫폼에서 판매되는 브랜드를 오프라인 매장에서 마케팅하고, 인타임에 입점한 업체들도 알리바바의 플랫폼에서 자신들의 제품을 판매할 수 있게 한 것이다. 이어서 2017년 11월 중국 대형마트 1위 업체인 썬아트리테일Sun Art Retail의 지분 36%를 28억 달러에 인수했고, 2018년 2월에는 중국 2위 가구·설비업체인 이지홈의 지분 15%를 54.5억 위안에 매입했다. 223개 이르는 이지홈 매장에 알리바바의 클라우드서비스인 알리윈과 물류 플랫폼을 구축해 서비스를 디지털화하고 온·오프라인 융합 서비스 환경을 구현하기 위해서다.

알리바바의 신유통 전략을 가장 잘 보여주는 것은 신선식품 전문 매장인 허마셴성이다. 허마셴성에서 소비자가 스마트폰으로 가격표를 스캔하면 제품의 원산지에서부터 유통 과정, 각종 검사 결과까지 알 수 있고, 알리페이를 통해 결제하면 타오바오 등 알리바바의 기존 온라인 플랫폼 데이터와 합쳐져 서비스 향상으로 이어진다. 또한 물류 효율화를 통해 당일 판매 가능한 물량을 예측해 원산지에서 신선식품을 직배송해주고, 고객이 주문한 위치가 반경 3km 이내면 30분 안에 배달해주는 시스템을 갖췄다. 퇴근 후 허마셴성에 들러 쇼핑한 후 빈손으로 귀가하면 금세 물건이 배달되기 때문에 매우 편리하다. 마윈의 후계자인 장융張勇 알리바바 CEO가 '앞으로 가정에서 냉장고가 없어지고 허마셴성이 그 역할을 대체할 것'이라고 말한 것은 허마셴성의 편리함과 파급력에 대한 자신감을 반영한 것이다.

종업원 대신 로봇이 음식 주문부터 서빙까지 하는 로봇 식당도 허마셴성이 처음 선보인 사업 모델이다. 이와 같은 혁신적인 시도

출처: 百度

제품 선택부터 배송까지 소비자의 편리함을 극대화한 신선식품 전문 매장 허마셴성이다. “앞으로 가정에서 냉장고가 없어지고 허마셴성이 그 역할을 대체할 것”이라는 말이 나올 정도로 배달 속도가 빠르다. 허마셴성 매장이 있는 지역은 부동산 가격마저 오르고 있다.

가 더 좋은 제품과 소비 경험을 추구하는 빠링허우(1980년대생)와 지우링허우(1990년대생) 등 젊은 소비자들에게 큰 인기를 끌면서 허마셴성의 매장도 빠르게 늘었다. 2016년 1월 상하이에 1호점을 낸 후 4년 만에 중국 21개 도시에 150여 개 매장을 오픈했다. 허마셴성의 배달 서비스가 워낙 편리하다 보니 허마셴성 주변에 있는 주택을 허마셴성과 역세권이 합쳐진 허취팡盒區房으로 부르며 집값에 프리미엄이 붙는 현상이 나타나기도 했다. 허마셴성은 수익성 면에서도 좋은 성과를 거두고 있다. 매장당 소비자 평균 구매 빈도는 월 4.5회 이상이며 매장의 평당 매출액(연 기준)도 기존 백화점이나 쇼핑몰보다 훨씬 높은 6만 위안에 이른다. 알리바바의 매출 중 '소매 전자상거래 기타 부문'이 견고한 성장세를 나타내고 있는 것도 허마셴성을 주축으로 한 신유통 부문이 선전하고 있기 때문이다.

★ 신유통 후발 주자, 텐센트

중국 최대 SNS 업체이자 게임업체인 텐센트 역시 신유통 부문에 적극적으로 투자하고 있다. 텐센트가 추구하는 전략은 위챗과 모바일 결제 플랫폼을 활용해 기업과 소비자, 온라인과 오프라인의 접점을 융합하는 슈퍼 커넥터가 되는 것이다. 이를 위해 텐센트는 2018년에 스마트 유통 전략 본부를 설립하고 다양한 맞춤형 디지털 솔루션을 제공해왔다. 이와 함께 전자상거래 및 물류시스템을 보유한 징동닷컴(텐센트가 지분 18% 보유)과 전략적 제휴를 맺고 자사의 온라인 및 결제 플랫폼을 활용해 알리바바의 공세에 대응하고 있다. 텐센트는 신유통을 위한 오프라인 업체 인수 및 투자에도 적극적으로 나섰다. 2017년 12월 슈퍼마켓 체인인 용후이마트의 지분 5%를 41.2억 위안에 인수했고, 비슷한 시기에 징동닷컴과 함께 전자상거래 업체인 웨이핀후이唯品會의 지분을 매입했으며, 2018년 2월에는 유통업체인 부부가오步步高와 남성 의류업체인 하이란즈자海瀾之家에 각각 8억 8,000위안, 25억 위안을 투자했다.

알리바바에 허마셴성이 있다면 텐센트에는 용후이마트가 있다. 2001년에 설립된 용후이마트는 다양한 제품 구성과 가격 경쟁력을 앞세워 빠르게 몸집을 키웠다. 실제로 2013년 288개였던 용후이마트의 매장 수는 2018년에 700여 개로 크게 늘었다. 같은 기간 썬아트를 포함한 중국 내 대형 오프라인 업체들의 시장점유율이 정체 또는 둔화한 것과 대조적인 모습이다. 이에 2013년 305억 위안이었던 매출액은 2018년에 705억 위안으로 급증했고, 같은 기간 순이익도 7.2억 위안에서 14.8억 위안으로 크게 늘었다.

특히 허마셴성이 출시된 이듬해인 2017년에 용후이마트가 런칭한 신선식품 매장 브랜드 차오지우종超级物种의 성장세가 가파르다. 프리미엄 슈퍼마켓과 신선식품 레스토랑 컨셉을 내세운 차오지우종은 허마셴성에 비해 매장 규모는 작지만 경쟁력 있는 신선식품과 다양한 푸드코트 운영을 통해 소비자들로부터 좋은 평가를 받고 있다. 또한 효율적인 매장 운영으로 평당 매출액도 허마셴성과 함께 업계 최고 수준을 기록하고 있다. 2017년 1월 푸저우에 1호 매장을 오픈한 지 2년 만인 2018년 말 기준으로 베이징, 선전 등 주요 도시에서 61개 매장을 운영했다.

용후이마트의 또 다른 신유통 편의점 브랜드인 용후이셩훠永辉生活도 높은 성장세를 이어가고 있다. 중국 최초로 편의점에 신선식품 코너를 접목한 용후이셩훠는 물류 혁신을 통해 신선식품 경쟁력을 유지하는 가운데 가성비 높은 PB 상품 판매를 확대하면서 인기를 얻고 있다.

★ 신유통의 두 갈래 길, 알리바바 vs. 텐센트

이처럼 양대 인터넷 공룡 기업인 알리바바와 텐센트가 소매 유통업에 공격적으로 뛰어들면서 중국의 신유통 산업은 알리바바 진영과 텐센트 진영으로 양분되는 양상을 보이고 있다. 이에 중국 현지에서는 소매 유통 부문이 IT 기업(특히 알리바바와 텐센트)들의 최대 격전지가 되고 있다는 평가가 지배적이다. 기존 오프라인 유통업체들은 모바일결제 및 물류 플랫폼을 장악한 알리바바와 텐센트에 주도권을 빼앗겼으며, 어느 한 진영에 가담해 생존을 모색해야 하는 상황에 내몰리고 있다. 프랑스 최대 유통업체인 까르푸 역시 2018년 1월 중국 법인 지분 일부를 텐센트에 매각하며 텐센트 진영에 합류했다. 롯데마트와 이마트가 비슷한 시기에 중국에서 철수한 배경에 대해서도 다시 생각해볼 필요가 있다. 국내 언론들은 중국 정부의 사드 보복을 주된 원인으로 지목했지만, 실제로는 양대 인터넷 공룡이 주도하는 신유통 혁신 트렌드에 적응하지 못한 영향이 더 크기 때문이다.

주목할 만한 점은 알리바바와 텐센트가 상반된 전략으로 신유통 산업에 투자하고 있다는 것이다. 먼저 알리바바의 경우 원래부터 전자상거래를 통해 소매 유통업을 운영해왔기 때문에 상대적으로 규모가 크지 않은 업체를 인수한 뒤 자신이 주도권을 쥐고 사업을 이끌어가는 방식을 선호한다. 즉 알리바바가 신유통 생태계의 정점에 서 있는 상태에서 다른 유통 기업의 지분을 인수하는 수직계열화 방식의 전략이다. 알리바바의 브랜드 파워가 워낙 막강한 데다 빅데

알리바바와 텐센트 신유통 투자 현황

이터와 AI를 활용할 수 있는 노하우가 축적되어 있기에 가능한 것이다. 실제로 알리바바가 오프라인 유통업체에 투자할 때는 최소 10% 이상(핵심 기업의 경우 30% 이상)의 지분을 확보해 '신유통의 실험장'으로 만든다. 인타임의 경우도 원래 홍콩에 상장된 회사였으나 알리바바가 지분 74%를 확보한 뒤 상장폐지함으로써 외부의 간섭을 받지 않고 신유통 서비스를 적극 도입했다.

이에 반해 텐센트는 자사가 확보한 모바일결제 데이터와 클라우드 기술을 제공하고 기존 오프라인 유통업체와 협력을 강화하는 방식으로 신유통 산업에 진출하고 있다. 소매 유통이 주업종이 아닌 까닭에 자신이 신유통 사업을 주도적으로 이끌어가기보다 기존 오프라인 유통업체들에 필요한 IT 인프라 및 기술을 지원함으로써 영향력을 확대하는 전략을 펼치는 것이다. 구체적으로 텐센트는 주로 업계 상위 업체를 사업 파트너로 삼고 이들 회사의 지분 5~10%를 인수하는 방식으로 협업을 진행한다.• 위챗, 공식 계정, 미니 프로그램 등 자사의 막강한 플랫폼을 파트너 업체들에 제공함으로써 고객관리와 재고관리, 마케팅 등 비즈니스 전반의 효율이 높아지도록 돕고, 이에 대한 반대급부로 텐센트는 관련 빅데이터를 축적하는 한편, 광고 매출 증가와 지급 결제 생태계 확대 등의 이익을 얻는다. 유통

• 텐센트의 이러한 투자 방식은 신유통에만 국한된 것은 아니며, 게임, 교육, 모빌리티 등 다른 업종에 투자할 때도 소수 지분만 보유한 채 기존 경영진에게 자율성을 보장하는 것을 선호한다.

공룡인 알리바바와의 전면전을 피하면서도 자신의 강점을 활용해 새롭게 떠오르는 신유통 산업의 주도권을 확보해나가는 모습이다. 아직까지 알리바바와 텐센트 중 누가 신유통 산업에서 승자가 될지는 정해지지 않았다. 하지만 대형마트와 스마트 물류를 중심으로 성장해온 신유통이 이들 기업의 주도하에 패션, 뷰티, 헬스케어, 가구 등 다양한 분야로 빠르게 확대될 것임은 분명하다.

10

플랫폼 비즈니스 종착역 모빌리티 혁신

중국 차량 공유의 아이콘, 디디추싱

중국은 전 세계에서 차량 공유 서비스가 가장 활발하게 이루어지는 국가다. 글로벌 시장조사기관 스태티스타Statista에 따르면 2017년 213억 달러였던 중국 차량 공유 시장 규모는 빠른 성장을 거듭하며 2023년에는 624억 달러로 커질 전망이다. 불과 6년 만에 3배 가까이 증가하는 셈이다. 베이징, 상하이 등 대도시의 교통정체가 극심하고 대중교통이 부족한 데다 공유경제의 인프라에 해당하는 모바일결제 시스템이 보편화되어 있기 때문이다. 여기에 차량을 소유가 아닌 공유의 대상으로 인식하는 빠링허우, 지우링허우 등 젊은 층의 소비 행태 변화도 중요한 요인으로 작용하고 있다.

▌중국 차량 공유 시장 규모 변화

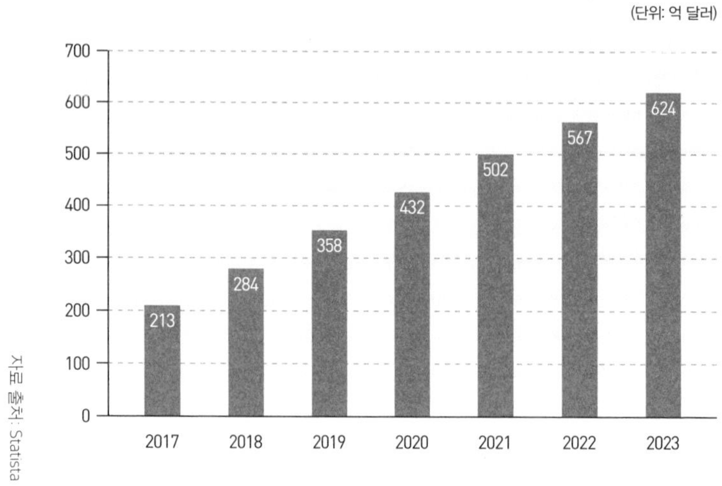

디디추싱은 이처럼 빠르게 성장하는 중국 차량 공유 산업의 아이콘이다. 이용자 수가 5억 5,000만 명, 등록 차량이 3,000만 대에 이르고 해외 업체들과 제휴를 통해 전 세계 도시에서 차량 공유 서비스를 제공하고 있다. 디디추싱은 2015년 2월에 알리바바의 콰이디다처快的打車와 텐센트의 디디다처滴滴打車의 합병으로 설립됐다. 바이두와 손잡은 우버차이나가 시장점유율을 확대하기 위해 출혈 경쟁에 나서자 이를 저지하기 위해 양사가 전략적 합병을 선택한 것이다. 이후 디디추싱은 막대한 물량 공세와 규제 당국의 암묵적 승인하에 우버차이나까지 인수했고, 그 결과 93%에 이르는 시장점유율을 차지하며 사실상 중국의 차량 공유 시장을 독점하고 있다.

디디추싱은 택시 호출, 차량 공유에서부터 카풀, 버스 대여, 대리 기사 호출에 이르기까지 모빌리티와 관련된 거의 모든 서비스를 디디추싱 앱 하나에서 통합적으로 제공하고 있다. 여기에 차량 관리 및 중고차 판매 서비스와 함께 운전자와 승객을 겨냥한 보험·대출 서비스도 출시했다. 주요 서비스들을 살펴보면 카카오 택시와 동일한 디디택시, 일반적인 차량 공유 서비스인 디디콰이처, 프리미엄 차량 공유 서비스를 제공하는 디디좐처, 대리 기사 서비스 디디다이지아, 출퇴근 시간대에 목적지를 경유하는 셔틀버스 서비스인 디디버스, 기업용 차량 호출 서비스인 디디치예반 등이 있다.

디디추싱의 서비스 확대를 가능하게 한 원동력은 풍부한 투자

디디추싱 보유 서비스

서비스명	내용
디디택시	택시 서비스
디디콰이처	차량 공유 서비스
디디좐처	프리미엄 차량 공유 서비스
디디순펑	카풀 서비스
디디치예반	기업용 차량 호출 서비스
디디버스	셔틀버스, 버스 대여 서비스
디디다이지아	대리기사 서비스
디디호화처	최고급 차량 호출 서비스
디디바이크	공유 자전거 서비스

출처: 滴滴出行

자금이다. 지난 몇 년간 창업 열풍 속에서 중국 스타트업들이 유치한 투자자금 중 상당수가 공유경제로 유입됐으며, 그중에서도 디디추싱이 속해 있는 교통 차량 부문에 집중됐다. 소프트뱅크가 디디추싱에 약 100억 달러(지분 17.2%)를 투자한 것이 단적인 예다. 참고로 이 액수는 소프트뱅크가 우버에 투자한 것보다 많다. 이와 함께 애플, 부킹홀딩스Booking Holdings, 알리바바, 텐센트도 디디추싱의 주요 주주로 참여하고 있으며 2019년 7월에는 도요타가 6억 달러를 투자했다.

디디추싱의 강점은 막강한 플랫폼 지배력을 활용해 다양한 영역으로 사업을 확장할 수 있다는 점이다. 그 중심에는 빅데이터가 있다. 디디추싱의 일평균 매칭 건수는 3,000만 회로 우버보다 1,000만 회 이상 많으며, 이 과정에서 매일 100테라바이트TB 이상의 데이터가 생성된다. 이를 통해 얻은 차량 위치, 승객별 이동 시간, 호출 빈도, 결제 정보 등을 분석해 고객 맞춤형 서비스를 제공하고 있다. 심지어 디디추싱은 이와 같은 빅데이터를 바탕으로 15분 후의 교통 상황을 85%의 정확도로 예측할 수 있는 시스템을 구축했으며, 5분 이내 기사와 탑승객 간 매칭률도 89%로 끌어올렸다.

2018년 베이징 오토쇼에서 디디추싱은 2020년까지 전기차 100만 대를, 2028년까지 1,000만 대를 운영한다는 미래 전략을 발표했다. 이를 위해 도요타, 폭스바겐 등 31개 글로벌 완성차업체들과 '디디 오토 얼라이언스Didi auto alliance'를 결성하고 전용 전기차 개발에 착수했다. 또한 전기차 스타트업 처허자CHJ와도 합작 법인을 설립하고 전기차 생산에 돌입했다. 직접 차량을 보유하지 않는 자산 경량화

Asset-Light 전략에서 탈피해 좀 더 적극적으로 차량 공유 시장 공략에 나서려는 것이다.

디디추싱이 전기차 자체 생산에 나선 것은 전기차의 유지 비용이 내연기관차에 비해 25%가량 저렴해 전기차 비중을 늘릴수록 비용 절감 효과가 커지기 때문이다. 중국이 세계 최대 전기차 시장이기는 하지만 급증하는 차량 공유 수요를 기존 전기차 보유자에게만 의존할 경우 서비스 제공에 차질이 발생할 가능성이 높다. 디디추싱이 자체 생산을 통해 선제적으로 전기차를 확보할 필요성이 커진 상황이다. 더욱이 디디추싱의 최종 목표인 자율주행 기술을 적용하기에 내연기관차보다 전기차가 전력 손실 및 내구성 면에서 훨씬 유리하다는 점도 전기차를 자체 생산하려는 이유 중 하나다.

중국에서 독점적 시장지위를 구축한 디디추싱은 해외 시장 진출에도 적극적이다. 현재 해외에서 디디추싱의 일평균 매칭 건수는 400만 회에 이른다. 자신의 브랜드로 해외에 진출하는 우버와 달리 디디추싱은 로컬 선두 업체와 파트너십 및 지분투자를 맺는 형태로 해당 국가에 진출하는 것이 특징이다. 디디추싱은 2015년에 미국 2위 차량 공유 업체인 리프트Lyft와 동남아의 그랩Grab, 인도의 올라Ola 등에 투자했으며, 2017년에는 택시파이Taxify와 파트너십을 맺고 유럽 및 아프리카 시장에 진출했다. 또한 2018년에 브라질 최대 차량 공유업체인 99를 인수한 데 이어 호주와 멕시코에 지사를 설립했고, 같은 해 9월에는 소프트뱅크와 합작 법인을 설립해 일본 시장에도 진출했다. 2019년에는 칠레, 페루, 콜롬비아 등 남미 국가에서 차

▍디디추싱의 해외 진출 및 투자 현황

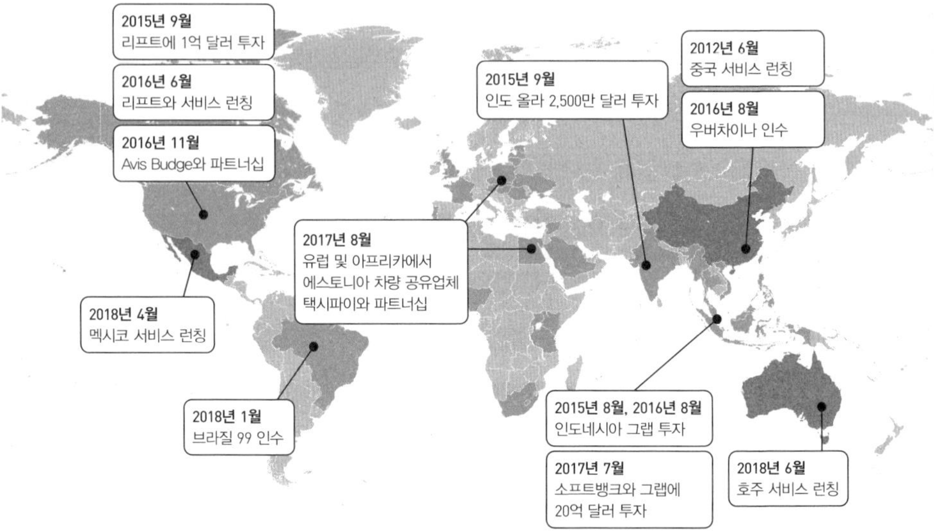

량 공유 서비스를 출시했다. 세계 각국에서 로컬 선두 기업과 손잡으며 반反우버 전선을 구축하고 있는 것이다.

더 나아가 디디추싱은 풍부한 자금력과 빅데이터를 바탕으로 인공지능, 스마트 교통 시스템 등 자율주행 부문에 공격적으로 투자하고 있다. 2015년 이후 베이징과 실리콘밸리에 경로 최적화 및 자율주행 기술 향상을 위한 R&D 센터를 설립했고, 2018년 5월에는 캘리포니아에서 자율주행 테스트 허가를 받았다. 또한 2019년 12월 글로벌 최대 GPU(그래픽처리장치) 업체인 엔비디아NVIDIA와 손잡고 자율주행 솔루션 개발에 나선 데 이어 2020년 5월에는 소프트뱅크 등으로부터 디디추싱의 자율주행차 부문이 5억 달러의 투자금을 유치했다. 단순한 차량 공유 서비스를 넘어 모빌리티 혁신의 종착점인 자율주행 부문을 주도하기 위한 움직임을 가속화하고 있는 것이다.

★ 중국, 글로벌 최대 자율주행차 시장 되다

자율주행차는 인공지능, 5G, 사물인터넷, 클라우드, 에지 컴퓨팅Edge computing 등 다양한 기술이 응축된 영역으로 4차 산업혁명 시대의 최대 격전지가 되고 있다. 글로벌 완성차업체들뿐 아니라 IT 기업들이 사활을 걸고 자율주행차 부문에 공격적으로 투자하는 것도 이 때문이다. 전 세계적인 붐을 일으키고 있는 차량 공유 서비스도 당장의 수익을 노린 것이라기보다 중장기적으로 자율주행에 필요한 양질의 데이터를 확보하고, 통합 모빌리티 플랫폼을 구축하기 위한 단계적 성격이 짙다. 중국도 예외가 아니다. 내연기관 부문에서는 선진국에 뒤처졌지만, 자율주행차 부문에선 주도권을 놓치지 않기 위해 총력을 다하고 있다. 중국 정부는 미래 산업정책인 '중국제조 2025'에서 자율주행차를 자동차산업 업그레이드를 위한 핵심 산업으로 지정했고, 이러한 청사진 위에서 중국의 완성차업체들과 IT 기업들이 협력하며 시너지 효과를 창출하고 있다. 글로벌 컨설팅 업체 매킨지는 중국이 향후 글로벌 최대 자율주행차 시장으로 떠오를 것이며, 2030년까지 시장 규모가 약 5,000억 달러에 이를 것으로 전망했다.

물론 아직까지 중국의 자율주행차 시장규모나 소프트웨어 개발 능력, 핵심부품 자급도가 미국, 유럽 등 선진국에 비해 열세인 것은 사실이다. 하지만 머지않은 미래에 중국은 글로벌 자율주행차 시장에서 선도적인 위치를 차지할 것으로 예상된다. 여기에는 몇 가지 이유가 있다. 우선 자율주행차 성능을 좌우하는 데이터의 양에서 압도적인 우위를 보이고 있다. 디지털 플랫폼 왕국이 된 중국은 주요 선진국에 비해 자율주행차를 학습시키는 데 필요한 가용 데이터를 훨씬 많이 확보할 수 있고, 이를 가공하고 분석할 수 있는 기술력도 갖췄다. 디디추싱의 일평균 매칭 건수가 우버보다 1.5배 많은 것이 단적인 예다. 중국의 소비자들이 다른 국가에 비해 자율주행 기술에 우호적이라는 점도 플러스 요인이다.

이와 함께 중국이 에너지, 통신, 구동 속도 면에서 내연기관차보다 자율주행차에 더 적합한 전기차 부문에서 글로벌 수준의 경쟁력을 갖췄다는 점을 들 수 있다. 중국은 전 세계 전기차 판매량의 절반 이상을 차지하고 있을 뿐만 아니라 2차 전지 등 전기차 가치사슬에서 핵심을 차지하는 기업들을 보유하고 있다. 또한 선진국에 비해 낙후된 교통 인프라와 복잡한 도로 환경 역시 중국의 자율주행 기술을 더욱 정교하게 업그레이드시키는 요인으로 작용한다. 교통체증이 상대적으로 덜하고 도로 상황도 양호한 미국에서 개발된 자율주행차를 중국에서 사고 없이 운행하기란 불가능에 가깝다. 중국의 고속철도가 거대한 국토와 다양한 기후조건을 극복하면서 다른 국가들보다 뛰어난 기술력과 운영 시스템을 구축하게 된 상황과 유사하다.

막강한 자본력과 기술력을 갖춘 BAT가 자율주행차 부문에 진출하면서 중국 미래 차 산업을 주도하고 있다는 점도 빼놓을 수 없다. 이들 기업은 자율주행차 핵심 부품 기업에 대규모 투자를 할 뿐 아니라 자신들이 직접 완성차업체와 손잡고 자율주행차를 개발하고 있다. 알리바바는 전기차 업체인 샤오펑모터스小鹏汽车와 함께 자율주행차 양산을 준비하고 있고, 제일자동차그룹과 전략적 파트너십을 체결해 자율주행 관련 기술을 개발 중이다. 텐센트도 2017년 이후 비야디比亞迪, 지리자동차吉利汽车 등 6개 완성차업체와 파트너십을 맺고 있으며 최근 장안자동차长安汽车와 합작사를 설립해 자율주행차를 개발하고 있다. 기술 융합으로 산업 간 경계가 무너지고 있는 4차 산업혁명 시대에 이처럼 다양한 분야의 기업들이 협업하는 현상은 눈여겨볼 만하다. 한국, 일본과 같이 자동차산업이 성숙기에 접어든 나라에서는 이미 대형 완성차업체를 중심으로 수직적이고 폐쇄적인 공급망이 갖춰져 있어 혁신 스타트업의 시장 진입이 어렵다. 하지만 자동차산업 후발 주자인 중국의 경우 완성차업체들의 시장 장악력이 훨씬 약하기 때문에 다른 기업과 협력하는 것에 거부감이 적다. 그뿐만 아니라 중국은 치열한 경쟁에서 생존하기 위해 협력을 선택이 아닌 필수로 인식하는 경향이 강해 모빌리티 혁신에 유리하다.

다른 첨단산업들과 마찬가지로 자율주행차의 발전 역시 중국 정부의 적극적인 지원에 힘입은 바가 크다. 중국 정부는 2030년까지 신차 판매의 10%를 자율주행차로 채운다는 목표를 제시했으며, 이를 위해 민간기업과 지방정부가 자율주행차 분야에 과감하게 투자할 수 있는 여건을 만들고 있다. 자율주행차 개발을 통해 첨단산업의 글로벌 주도권을 확보하는 동시에 중국의 심각한 교통체증과 환경오염 문제를 해결하기 위해서다. 실제로 전 세계에서 교통체증이 가장 심한 도시 25곳 가운데 10곳이 중국 도시이고, 베이징 직장인들의 평균 통근 시간은 1.3시간으로 미국보다 3배 이상 길다. 첨단기술을 활용한 솔루션이 시급한 상황이다.

실제로 중국 정부는 자율주행차 기술로드맵을 수립하는 한편, 자율주행 시범지대를 건설하고 자율주행 도로 테스트를 허가하는 등 정책 지원을 강화하고 있다. 베이징 남서쪽 100km 지역에 위치한 슝안신구雄安新區를 자율주행 전용 도시로 건설 중인 것이 대표적인 예다. '시진핑의 신도시'로 불리는 슝안신구는 2,000km^2 면적에 200만 명 이상이 거주하게 될 친환경 스마트 신도시다. 자율주행차의 경우 개별 차량을 만드는 것도 중요하지만, 애초부터 자율주행에 최적화된 도시를 새롭게 건설하면 상용화 시기를 앞당길 수 있다. 기존의 인프라와 법 제도를 뜯어고치기보다 새로운 도로 시스템과 안전 규칙을 만들어 신도시에 적용하는 편이 시간과 비용 면에서 훨씬 효율적이기 때문이다. 그리고 권위주의 정치체제를 가진 중국은 이와 같은 정책을 수립하고 집행하기에 서구 민주주의 국가들보다 유리한 여건을 갖추고 있다. 글로벌 자율주행차 시장이 소수의 플랫폼만 살아남는 디지털 생태계와 비슷한 모습으로 전개된다면 중국이 유력한 플레이어로 살아남을 것이라고 예상하는 이유다.

★ 아폴로 프로젝트를 이끄는 바이두

중국 최대 검색엔진 업체로 잘 알려진 바이두는 최근 들어 자율주행, 스마트시티 등 인공지능 기반 산업에 대한 투자를 크게 확대하고 있다. 2017년에는 향후 3년간 15억 달러를 100여 개의 자율주행 프로젝트에 투자하겠다고 밝힌 바 있다. 그 결과 바이두는 현재 중국 자율주행차 부문의 혁신을 선도하는 기업으로 자리매김했다. 2019년 7월에는 중국 최초로 'T4' 등급의 자율주행 테스트 면허를 발급받았다. T4 등급은 중국 정부가 정한 자율주행 기술의 최고 등급으로 복잡하고 개방된 도로에서 무인 자율주행이 가능한 수준을 말한다. 이어 2019년 9월에 후베이성 우한이 국가 스마트 자동차 테스트 시범구를 조성할 때 바이두는 세계 최초로 자율주행 차량 상용 라이선스를 발급받았다. 또한 2020년 4월에는 후난성 창사에서 일반인을 대상으로 자율주행 택시 무료 시승 테스트를 시작했다. 자율주행 관련 특허도 중국 내 최다인 1,237건을 보유하고 있다.

바이두는 자율주행차의 기술 지표 중 하나인 누적 주행거리 면에서도 뛰어난 성과를 거뒀다. 중국 23개 도시에서 자율주행 테스트를 하면서 바이두의 누적 주행거리는 300만km를 돌파했다.• 중국

• 물론 누적 주행거리만으로 자율주행 성능을 판단하긴 어려우며, 1,000마일당 자율주행 해제 횟수disengagement도 함께 고려해야 한다. 자율주행 해제 횟수는 안전운행을 위해 자율주행 시스템을 해제한 횟수를 뜻하며, 수치가 낮을수록 안정성이 높다는 것을 의미한다.

자율주행차 발전 단계

단계	구분	내용
0단계	비자동 (No Automation)	자율주행 기능이 없는 일반 자동차
1단계	운전자 지원 (Driver Assistance)	속도 및 차간거리 유지 등 운전 보조
2단계	부분 자율주행 (Partial Automation)	특정 상황에서 두 가지 이상의 자동화 기능
3단계	조건부 자율주행 (Conditional Automation)	자율주행 시스템에 의한 제한적 자율주행 가능 (필요시 운전자 개입)
4단계	고도 자율주행 (High Automation)	대부분의 경우 자율주행 가능
5단계	완전 자율주행 (Full Automation)	모든 주행 상황에서 운전자 개입 불필요

출처: 미국 자동차공학회

내 경쟁기업인 포니닷에이아이, 웨이라이, 텐센트 등보다 압도적으로 많은 수치다. 바이두는 운전자의 개입 없이 스스로 운행하는 레벨 4급 자율주행 차량을 300대 이상 운행하며 빅데이터를 축적하고 있다. 참고로 이러한 실험이 가능한 것은 중앙정부의 자율주행 산업 육성책에 발맞춰 지방정부들이 앞다퉈 자율주행 테스트를 허가해주고 있기 때문이다. 그뿐만 아니라 글로벌 자율주행 기업들의 각축전이 벌어지고 있는 미국 캘리포니아주에서도 구글의 웨이모Waymo, GM의 크루즈Cruise에 이어 바이두가 누적 주행거리 3위를 차지했다.

바이두 아폴로 프로젝트 파트너사

출처: Apollo

자율주행 부문에서 바이두의 선도적인 위상은 '아폴로 프로젝트Apollo Project'에서 가장 잘 드러난다. 아폴로 프로젝트는 2017년에 바이두가 자율주행차 관련 소프트웨어를 개발하기 위해 만든 오픈소스 플랫폼이다. 바이두가 축적한 빅데이터와 기술을 소프트웨어 플랫폼 형태로 파트너사에 제공하고, 파트너사는 이를 활용해 자율주행 기술을 업그레이드하는 개방형 협력 체계라고 보면 된다. 구글이 안드로이드 운영체제를 공개해 스마트폰 소프트웨어 시장을 장악한 것처럼 자율주행차의 소프트웨어를 오픈소스로 공개해 자율주행차 시장의 주도권을 잡으려는 것이다. 더욱이 아폴로 프로젝트에는 포드, 베이징자동차, 도요타, 현대차, 보쉬, 델파이 등 완성차 및 부품사뿐 아니라 마이크로소프트 등 IT 업체, 전기차 스타트업 등 160여 개사가 파트너로 참여하고 있다. 아폴로 프로젝트를 통해 기술력을 축적한 바이두는 2018년 진룽金龍과 함께 14인승 자율주행 버스 '아폴롱APOLONG'을 공동개발한 데 이어 2019년에는 이치훙치一汽红旗와 협력해 레벨 4급 자율주행차를 출시하는 등 중국의 자율주행차 발전에 중추적인 역할을 하고 있다.

Focus

코로나19발 차이나 플랫폼의 지각변동

코로나19가 촉발한 라이프 스타일과 업무 패턴의 변화로 중국 모바일 앱 시장에 지각 변동이 일어나고 있다. 중국의 앱 다운로드 순위에서 알리바바의 업무용 메신저인 딩톡이 텐센트의 국민 메신저인 위챗을 제치고 1위를 차지한 것이다. 전염병 확산으로 재택근무와 온라인 수업이 급증한 탓이다. 실제로 2020년 2월 중국 주요 도시에 위치한 대기업의 60% 이상이 재택근무를 시행했는데, 이를 두고 블룸버그 통신 등 주요 외신들은 '세계 최대 규모의 재택근무 실험'이라고 평가했다. 딩톡은 영상회의, 온라인 문서 편집뿐 아니라 금융거래 관리, AI 통역 등 다양한 서비스를 제공하며 1,000만 개의 기업과 2억 명이 넘는 사용자를 확보했다. 한편 텐센트가 선보인 원격근무용 통신 서비스인 텐센트 미팅Tencent Meeting과 위챗워크 역시 높은 인기를 얻으며 상위권에 올랐다.

틱톡으로 유명한 바이트댄스의 약진도 눈에 띈다. 코로나19 여파로 외출이 어려워지면서 집안에서 즐길 수 있는 짧은 동영상에 대한 수요가 급증했기 때문이다. 틱톡의 누적 다운로드는 무려 20억 건을 돌파했다. 불과 15개월 만에 2배로 뛴 수치다. 바이트댄스가 운영하는 원격근무용 통신 서비스인 페이슈飛書 역시 공격적인 마케팅을 앞세워 시장점유율을 끌어올렸다. 바이트댄스는 급성장하는 온라인 교육시장도 선점하고자 수학 강의 플랫폼 과과룽쓰웨이瓜瓜龙思维와 같은 앱을 출시하는 등 발빠르게 움직였다. 이처럼 사업 영역을 확대하면서 바이트댄스는 글로벌 IT 업계의 구조조정 한파가 불고 있는 와중에도 2020년 말까지 4만 명을 신규 채용하겠다는 계획을 밝혔다.

화상회의 솔루션 업체인 줌Zoom은 이번 코로나19 사태의 최대 수혜기업으로 꼽힌다. 글로벌 리서치업체 센서타워Sensor Tower에 따르면 2020년 4월 전 세계에서 가장 많은 다운로드 횟수를 기록한 모바일 앱이 줌이다. 전년동기대비 60배가량 늘어나 무려 1억 3,100만 회나 다운로드됐다. 이와 함께 코로나19 이전까지 1,000만 명 정도였던 일일 접속자 수 역시 2억 명을 훌쩍 넘겼고, 폭발적인 성장세에 힘입어 주가도 가파르게 상승했다. 그러나 논란도 적지 않다. 줌은 나스닥에 상장된 미국 기업이지만 창업자이자 CEO인 에릭 위안Eric S. Yuan이 중국계 미국인이며, 중국 내 소프트웨어 자회사 3곳에 700여 명의 개발자를 두고 있다. 또한 데이터가 중국 서버를 경유하면서 중국 당국의 검열을 받을 수 있고, 해킹에 취약하다는 우려가 높아져

▎글로벌 모바일 앱 다운로드 순위(2020년 4월 기준)

	App Store Downloads	Google Play Downloads
1	ZOOM	ZOOM
2	TikTok	TikTok
3	Google Meet	Facebook
4	Microsoft Teams	WhatsApp
5	Netflix	Aarogya Setu
6	Instagram	Messenger
7	YouTube	Instagram
8	Tax Report	Samsung Security Update
9	Facebook	Telegram
10	Google Classroom	Likee

출처: Sensor Tower

미국 등 각국 정부와 기업이 사용 금지령을 내렸다. 코로나19 사태를 기회 삼아 글로벌 기업으로 도약하려는 차이나 플랫폼의 성장에 그간 고질적인 문제로 손꼽혔던 보안 논란이 제동을 건 것이다.

Chapter

4

차이나 플랫폼, 세계로 나아가다

hina Platform

11

틱톡,
Z세대 잡고 글로벌 플랫폼으로

★ 글로벌 플랫폼으로 부상한 틱톡

중국의 주요 전자상거래, SNS, 검색엔진 플랫폼은 매출 규모와 사용자 수 면에서 이미 글로벌 기업들과 어깨를 나란히 할 만큼 빠르게 성장했다. 하지만 활동 무대를 놓고 봤을 때 여전히 중국이라는 지리적 테두리를 벗어나지 못한 것이 사실이다. 중국의 IT 기업들이 자국의 방대한 내수 시장 공략에만 집중한 탓도 있지만, 중국 이외 지역으로 뻗어나가기에는 기술력과 확장성의 한계가 있었기 때문이다. 심지어 알리바바, 텐센트와 같은 초대형 IT 기업들도 중국이라는 울타리 안에 갇힌 내수 기업이라는 이미지가 강했다.

하지만 최근 들어 상황이 변하고 있다. 중국의 플랫폼 기업들이 대륙을 벗어나 전 세계 무대에서 뛰어난 역량을 발휘하며 글로벌 플레이어로 부상하고 있는 것이다. 중국 스타트업 바이트댄스가 선보인 짧은 동영상 공유 앱인 틱톡이 대표적이다. 트렌디한 배경음악과 특수효과가 포함된 15초 분량의 짧은 영상을 촬영해 다른 이용자와 공유할 수 있게 한 틱톡은 밈Meme• 문화에 익숙한 Z세대의 취향을 저격하며 아시아를 넘어 북미, 유럽에서도 선풍적인 인기를 끌고 있다. 이에 2012년에 창업한 바이트댄스의 기업 가치는 2020년 5월 1,000억 달러를 기록하며 쟁쟁한 미국 스타트업들을 따돌리고 세계 최대 유니콘의 지위를 차지하고 있다.

틱톡의 성장세는 가히 폭발적이다. 2016년 9월에 출시된 틱톡의 전 세계 활성 이용자 수가 10억 명을 넘어서기까지 걸린 시간이 페이스북, 왓츠 앱 등 미국의 주요 SNS는 물론 중국의 슈퍼앱인 위챗보다도 훨씬 짧다. 틱톡은 애플과 안드로이드 등 앱스토어에서 누적 다운로드 20억 건을 돌파했고, 150개국에서 75개 언어로 서비스되고 있다. 성장 속도가 워낙 빨라 유튜브의 아성을 위협할 정도다. 특히 동영상 플랫폼의 종주국이라 할 수 있는 미국에서 폭발적인 인기를 얻고 있는데, 현재 2,650만 명에 이르는 미국의 틱톡 월간 활성 이용자들 가운데 50%가 16~24세 젊은 층인 것으로 나타났다. 틱톡의 파급력은 곳곳에서 나타나고 있다. 2019년 무명 래퍼였던 릴 나

• 많은 사람들에게 공유되어 재미와 화제가 되는 디지털 콘텐츠다.

▌글로벌 소셜미디어 활성 이용자 수 변화

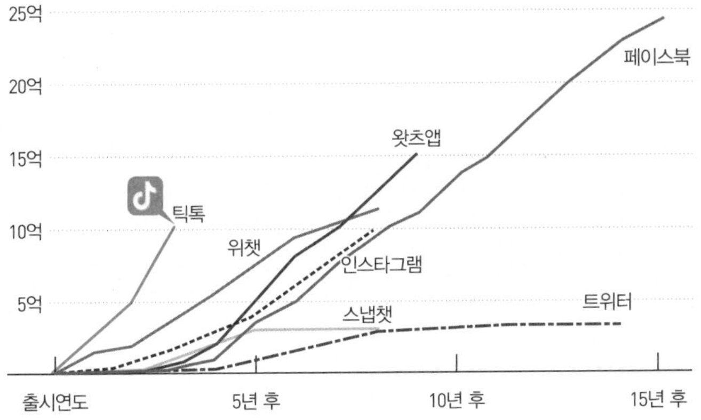

출처: Financial Times

스 엑스Lil nas X의 컨트리 음악 '올드타운로드Old Town Road'가 19주 연속 미국 빌보드 차트 1위를 차지하며 빌보드 역사상 최장 기록을 갱신한 것도 틱톡의 영향이 컸다. 릴 나스 엑스가 '올드타운로드'를 배경음으로 깔고 카우보이 복장을 한 채 춤추는 영상이 Z세대 사이에서 유행처럼 번지며 그의 음악이 큰 인기를 끌게 된 것이다. 이에 미국 《뉴욕타임스》는 '(틱톡에 의해) 디지털 철의 장막이 거둬지고 있다'며 '미국인들이 처음으로 중국 SNS 플랫폼의 영향을 받는 세상에 살고 있다'고 평가했다. 개혁 개방 이후 세계의 공장으로 불렸던 중국이 이제는 제조업뿐 아니라 콘텐츠 플랫폼 분야에서도 명실상부한 글로벌 강국으로 도약하고 있는 것이다.

틱톡의 공세에 위협을 느낀 미국 기업들은 대응책 마련에 나서고 있다. 미국 메신저 앱인 스냅챗은 2019년 2월 미국 증권거래위원회SEC에 제출한 보고서에서 경쟁기업 목록에 틱톡을 추가했다. 페이스북 역시 틱톡을 베낀 짧은 동영상 앱 라쏘Lasso를 출시했다. 하지만 배경음악에 맞춰 춤을 추는 짧은 동영상을 SNS에 공유한다는 점이 틱톡과 유사해 틱톡의 카피캣이라는 비판만 받고 흥행에 실패했다. 이와 함께 인스타그램이 틱톡의 대항마로 영상 공유 SNS 서비스인 릴Reels을 출시했고, 구글도 짧은 동영상 공유 앱 파이어워크Firework 인수를 추진하고 있다. 실리콘밸리의 혁신을 베끼기에 바빴던 중국 기업들이 이제는 모방과 경쟁의 대상이 된 것이다.

★ 틱톡의 흥행 비결

틱톡이 단기간에 전 세계적으로 흥행 돌풍을 일으키게 된 이유는 무엇일까? 우선 디지털 콘텐츠의 주 소비층인 Z세대를 집중 공략한 전략이 적중했다. 이들 세대는 태어났을 때부터 인터넷을 접했던 탓에 디지털 문화에 익숙하며 짧고 감각적인 영상을 선호한다. 틱톡이 15초짜리 영상을, 그것도 스마트폰을 가로로 돌리지 않고 세로로 찍어 올릴 수 있는 간편한 사용자 인터페이스를 구현한 것도 이 때문이다. 영상이 짧다 보니 기본적으로 언어에 대한 의존도가 낮은 데다가 자동 번역 기능까지 있어 국경을 넘어 글로벌 플랫폼이 되기 용이했다.

누구나 쉽고 빠르게 동영상을 제작할 수 있다는 점도 틱톡의 인기 비결이다. 세계 최대 동영상 플랫폼인 유튜브의 경우 영상을 보는 건 쉽지만, 전문적인 영상 편집 노하우가 없으면 고품질의 영상을 업로드하는 것이 상당히 어렵다. 이에 반해 틱톡은 다양한 영상 편집 기능과 배경음악을 제공해 사용자들이 영상을 손쉽게 만들 수 있도록 했다. 자신의 영상과 다른 영상을 화면에 절반씩 배치하는 '듀엣Duet'이나 다른 영상을 보면서 반응하는 영상을 찍는 '리액트React' 기능이 대표적이다. 또한 스마트폰에 최적화된 포노 사피엔스Phono Sapiens•를 위해 모바일로만 영상을 찍고 업로드할 수 있도록 했다. 영상 편집을 해본 적 없는 사용자도 몇 번의 터치만으로 틱톡 영상을 만들 수 있게 된 것이다.

이뿐만 아니라 틱톡은 인공지능을 활용해 이용자들을 화면 앞에 붙들어놓을 수 있도록 끊임없이 새롭고 재미있는 영상을 제공했다. 이용자가 즐겨 보는 영상의 특징을 분석한 뒤 유사한 영상을 지속적으로 노출시키는 방식이다. 따로 설정하지 않아도 이용자가 보고 싶어할 만한 중독성 있는 영상들을 제공하다 보니 자연히 이용시간이 늘어났다. 중독성이 극심한 나머지 청소년들이 틱톡 앱을 사용한 지 40분이 지나면 화면이 자동으로 잠기는 '청소년 보호 모드'를 중국 정부가 도입했을 정도다.

과감한 인수합병 전략도 플러스 요인으로 작용했다. 2017년 바

• 스마트폰을 뜻하는 '포노phone'와 생각과 지성을 뜻하는 '사피엔스sapiens'의 합성어로 스마트폰을 신체의 일부처럼 사용하는 인류를 뜻한다.

틱톡은 해외 시장에서 성공을 거둔 중국의 유일한 앱으로 주목받는다. 전 세계 이용자 수 10억을 돌파하는 데 걸린 시간이 페이스북보다 빨랐으며 미국 젊은이들 사이에서 폭발적인 인기를 끌었다. 이에 대해 《뉴욕타임스》는 '미국인들이 처음으로 중국 SNS 플랫폼의 영향을 받는 세상에 살고 있다'고 평가했다.

이트댄스는 미국의 립싱크 앱인 뮤지컬리Musical.ly를 10억 달러에 인수하고 커뮤니티 피드, 추천 영상 등을 업그레이드했으며, 동시에 뮤지컬리의 기존 사용자들을 흡수함으로써 미국과 유럽, 동남아 시장에 진출했다. 또한 2019년에는 영국의 AI 기반 작곡 스타트업인 쥬크덱Jukedeck을 인수했는데, 이에 따라 사용자들이 동영상 제작에 필수인 음악을 저작권 문제에 대한 걱정 없이 자유롭게 활용할 수 있게 됐다. 참고로 쥬크덱의 인공지능 프로그램은 새로운 음악을 만들어 사용자에게 제공하고 사용자가 원하는 대로 길이와 템포를 조절할 수 있는 기능을 제공한다. 이처럼 바이트댄스는 중국에서 검증된 기존 앱과 해외 기업의 강점을 결합하는 한편, 중국의 색채를 지우는 형태로 현지화하는 전략을 펼쳤다. 중국에서 개발한 짧은 동영상 앱인 도우인을 해외 시장에서는 틱톡으로, 뉴스 서비스 앱인 진르터우탸오를 미국, 남미 등에서 탑버즈TopBuzz라는 브랜드로 출시하는 식이다. 이에 틱톡이나 탑버즈를 매일 사용하면서도 이것이 중국 기업이 개발한 앱이라는 사실을 인식하지 못하는 이용자들이 많다.

틱톡을 높이 평가할 수밖에 없는 이유는 알리바바나 텐센트 같은 대형 IT 기업들도 힘겨워했던 해외 시장 진출에 성공했을 뿐만 아니라 이전까지 존재하지 않았던 '짧은 동영상'이라는 새로운 시장을 개척했기 때문이다.

현재 중국에서는 상대적으로 긴 동영상 콘텐츠를 기반으로 한 OTT 시장을 둘러싸고 BAT(바이두, 알리바바, 텐센트)의 경쟁이 치열하다. 반면 틱톡은 콰이쇼우 등과 함께 짧은 동영상을 콘텐츠로 하는 틈새시장을 공략해 빠르게 성장했다. 이들 앱은 지우링허우 이후 젊은 세대들에게 선풍적인 인기를 끌며 중국 동영상 플랫폼의 대세로 자리 잡았다. 중국의 시장조사기관 아이미디어리서치에 따르면 2016년 19억 위안이던 중국의 짧은 동영상 시장 규모는 2020년에 381억 위안으로 급증할 것으로 전망된다. 이처럼 틱톡은 단순한 동영상 플랫폼이 아닌 막대한 경제적 가치를 창출하는 마케팅 수단과 유통 채널로 자리 잡으면서 중국의 동영상, SNS, 전자상거래 시장의 지형을 바꾸는 기폭제 역할을 하고 있다.

틱톡의 인기에 힘입어 모회사인 바이트댄스의 실적도 가파른

▌중국의 짧은 동영상 시장 규모

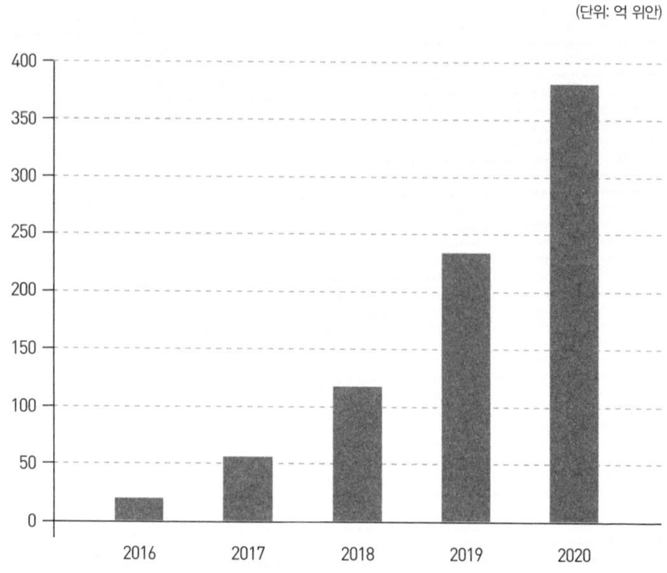

출처: iimedia

틱톡을 높이 평가할 수밖에 없는 이유는 알리바바나 텐센트 같은 대형 IT 기업들도 힘겨워했던 해외 시장 진출에 성공했을 뿐만 아니라 이전까지 존재하지 않았던 '짧은 동영상'이라는 새로운 시장을 개척했기 때문이다.

상승세를 나타내고 있다. 2019년 상반기에 바이트댄스는 중국 디지털 광고 시장에서 23%의 점유율을 기록하며 텐센트와 바이두를 제치고 2위를 차지했다. 이러한 성장세의 영향으로 2019년 바이트댄스의 매출은 전년보다 96억 달러 늘어난 170억 달러(약 21조 원)를 기록했다. 그뿐만 아니라 바이트댄스는 틱톡의 성공을 발판 삼아 음악 스트리밍, 온라인 쇼핑 부문 공략에도 나서고 있으며, 2019년 초에 인수한 스마트폰 제조사인 스마티잔Smartisan을 통해 틱톡에 최적화된 신형 스마트폰을 개발하는 등 사업 다각화에 속도를 내고 있다. 이처럼 짧은 동영상 시장이 빠르게 커지자 텐센트는 틱톡의 최대 라이벌인 콰이쇼우에 대규모 투자를 하는 한편, 스핀하오视频号라는 자체 짧은 동영상 서비스를 내놨다.

사실 틱톡은 바이트댄스가 성공시킨 최초의 모바일 앱이 아니다. 틱톡이 바이트댄스를 글로벌 플랫폼 기업으로 도약시켰다면, 진르터우탸오는 뉴스 앱 시장에서 바이트댄스를 중국 소비자들의 뇌리에 각인시켰다. 바이트댄스의 창업자 장이밍은 사업 초기에 누구나 받고 싶어 하는 텐센트와 바이두의 투자 제안을 거절한 일로 유명하다. 대형 IT 기업의 자본에 의존함으로써 통제를 받기보다 독자적인 기술력과 비즈니스 모델로 시장에서 인정받는 것이 지속 가능한 기업이 되는 열쇠라고 판단했기 때문이다.

장이밍은 진르터우탸오를 구상하면서 바이두와 같은 기존의 뉴스 플랫폼이 일률적으로 편집해주는 딱딱한 관영 언론 기사에 많은 중국인이 염증을 느끼고 있으며, 동시에 PC 대신 모바일로 뉴스

▌중국 기업별 디지털 광고 매출 비중

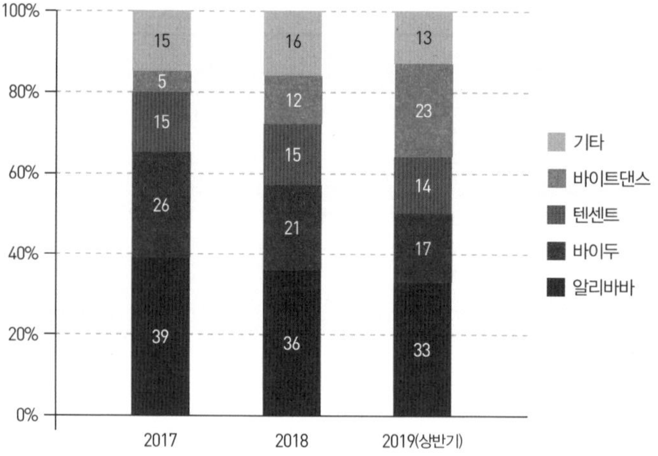

출처: R3

를 접하는 이용자가 급증하고 있는 현실에 주목했다. 하지만 수억 명에 이르는 이용자들의 선호에 맞춰 일일이 뉴스를 편집하기란 불가능했고, 화면이 작은 모바일에서 사용자들이 뉴스를 비교해보거나 검색하기 어렵다는 제약조건도 극복해야 했다.

여기서 장이밍이 던진 승부수는 인공지능을 활용한 뉴스 큐레이션이었다. 즉 머신러닝 기반의 인공지능 학습 알고리즘을 활용해 사용자의 취향에 맞는 뉴스를 자동 추천해주는 서비스였다. 이러한 서비스는 기사를 작성하는 기자나 편집자를 고용할 필요가 없고, 사용자가 많이 사용할수록 개인별로 더욱 최적화된 뉴스들을 제공할 수 있다는 장점이 있다. 최근에야 인공지능 기반 뉴스 서비스를 도입한 네이버와 다음 등 한국 포털업체들보다 최소 5년 이상 앞선 셈이다. 진르터우탸오는 중국 이용자들에게 큰 호응을 얻었을 뿐 아니라 중국인들이 뉴스를 소비하는 방식 자체를 바꿔버렸다. 출시된 지 3개월 만에 이용자 1,000만 명을 돌파했으며, 현재는 바이두를 제치고 이용자 8억 명 규모의 중국 최대 뉴스 앱으로 자리를 굳혔다. 바이트댄스는 진르터우탸오에서 고도화시킨 인공지능 시스템을 뒤이어 출시한 틱톡에도 적용하며 성공 스토리를 이어갔다.

틱톡, 제2의 화웨이 되나

진르터우탸오와 틱톡이 폭발적인 인기를 끌자 바이트댄스는 조만간 홍콩 증시 상장을 추진할 것으로 알려졌다. 틱톡을 필두로 세계 시장을 본격적으로 공략하고 사업 다각화에 필요한 자금을 조달하기 위해서다. 또한 2020년 5월에는 디즈니의 스트리밍 전략을 총괄했던 케빈 메이어Kevin Mayer를 틱톡 CEO로 영입하며 혁신 역량 및 글로벌 경쟁력 강화에 나섰다.

하지만 미·중 무역 분쟁 여파로 화웨이에 이어 틱톡이 미국의 집중 견제 대상이 되면서 홍콩 상장과 북미 시장 안착을 둘러싼 불확실성이 커지고 있다. 2019년 10월 미국 상원은 중국 공산당이 틱톡을 이용해 미국인들의 개인정보를 수집하고 가짜 동영상을 퍼뜨려 선거 등에 영향을 줄 수 있다며 안보 위협을 제기했다. 또한 틱톡이 인수한 뮤지컬리를 통합하는 과정에서 개인정보 부정 이용 등의 혐의가 발생했다고 주장하며 조사를 요구했다. 이에 미국 재무부 산하 외국인투자심의위원회CFIUS는 바이트댄스의 뮤지컬리 인수 과정에 대한 조사에 착수했다. 참고로 CFIUS는 외국인의 인수 거래가 국가안보를 위협할 가능성이 있는지 여부를 검토하는 기구다. 실제로 최근 미 육군, 해군, 해병대 등에 틱톡 사용을 금지하는 조치를 취하면서 미국 내에서 틱톡을 안보 위협 요소로 인식하는 기류가 확산하고 있다.

마크 저커버그 페이스북 CEO도 "페이스북 서비스는 강력한 암호화 및 개인정보 보호 정책으로 모든 곳에서 시위자나 활동가들이 사용할 수 있지만, 틱톡에서는 미국 내의 시위 언급도 검열된다"고 발언한 바 있다. 영국《가디언》보도에 따르면 틱톡의 가이드라인에 천안문 사태, 홍콩 시위 등 중국 공산당이 민감해하는 내용이 검열 대상에 포함된 것으로 나타났다. 이에 틱톡은 자사가 중국 정부의 영향을 받지 않으며 미국 이용자들의 모든 데이터가 버지니아주와 싱가포르에 저장되기 때문에 중국으로 유출되지 않는다고 해명하는 한편, 미 의회에 대한 로비 활동을 강화했다. 하지만 틱톡을 포함한 중국의 플랫폼 기업들이 중국 정부의 암묵적인 통제 하에 있고, 개인정보 무단 수집과 정치적 콘텐츠 검열 등의 활동과 연루된 정황이 분명한 만큼 틱톡을 둘러싼 논란은 상당 기간 지속될 것이다. 틱톡이 진정한 의미에서 글로벌 플랫폼이 되고자 한다면 진출하려는 서구 사회의 법적, 문화적 기준을 충족하고, 중국 플랫폼에 대한 태생적인 불신을 해소하기 위해 정보 투명성을 크게 높일 필요가 있다. 이런 점에서 틱톡은 중국 플랫폼의 가능성과 한계를 동시에 잘 보여주는 사례라고 할 수 있다.

12

블록체인 굴기에 나선 중국, 달러패권 뒤흔드나

★⁘ 달러패권 노리는 중국 블록체인의 성장

2019년 하반기 들어 줄곧 약세를 보이던 비트코인 가격이 10월 25일 하루 만에 40% 급등하고 중국 증시에 상장된 100여 개의 블록체인 테마주가 일제히 상한가를 기록하는 일이 발생했다. 이는 중국 시진핑 주석의 블록체인 굴기와 관련되어 있다. 잘 알려진 것처럼 비트코인은 블록체인과 밀접한 관계가 있다. 사용자들이 P2P 네트워크를 이용해 암호화된 문제를 풀고 블록을 만들면 그에 대한 보상으로 비트코인이 지급되는데, 이러한 방식으로 작업된 블록들의 집합체가 곧 블록체인이다. 블록체인은 4차 산업혁명 시대의 핵심 기술일 뿐 아니라 중국이 미국의 달러패권에 도전하기 위해 반드시 주도권을 확보해야 하는 분야다.

실제로 비트코인 가격이 급등하기 전날인 10월 24일 중국 공산당 중앙위원회 정치국 집단학습에서 시진핑 주석은 '블록체인을 핵심 기술의 자주적 혁신의 중요한 돌파구로 삼아야 한다'며 블록체인 개발에 박차를 가할 것임을 시사했다. 이와 함께 '블록체인 기술을 인공지능, 빅데이터, 사물인터넷 등 첨단 IT 기술과 융합하고 교육, 취업 양로, 빈곤 퇴치, 의료 건강, 상품 위조 방지, 식품 안전 등 각 분야에 응용할 것'을 지시했다. 시진핑 주석의 발언이 지금까지 투기적인 가상화폐를 강력히 억제해왔던 중국의 정책기조가 바뀔 수 있다는 기대감을 낳으면서 비트코인 가격 급등으로 이어졌던 것이다. 이어 중국 당국은 13차 전국인민대표대회 상무위원회 회의에서 블록체인을 포함한 암호 산업의 규제 틀인 미마파密碼法를 통과시켰다. 미래 성장산업인 블록체인 산업을 육성하고 관련 제도와 법규를 정비하기 위해서다. 중국 시장연구기관인 치엔잔산업연구원에 따르면 2015년 600만 위안에 불과했던 중국 블록체인 시장규모는 2018년에 6,700만 위안으로 커졌고, 2022년에는 4억 5,900만 위안에 이를 것으로 전망된다.

중국 인민은행이 디지털 화폐를 발행하는 세계 최초의 중앙은행이 될 것이라는 전망에 힘이 실리는 것도 중국 정부의 블록체인 굴기에 대한 강력한 의지가 반영된 결과다. 중국은 이미 수년 전부터 디지털 화폐 발행을 준비해왔다. 인민은행은 2014년에 주요국 중앙은행 중에서는 처음으로 디지털 화폐 관련 연구를 시작했고, 2017

▌중국 블록체인 산업 규모

(단위: 억 위안)

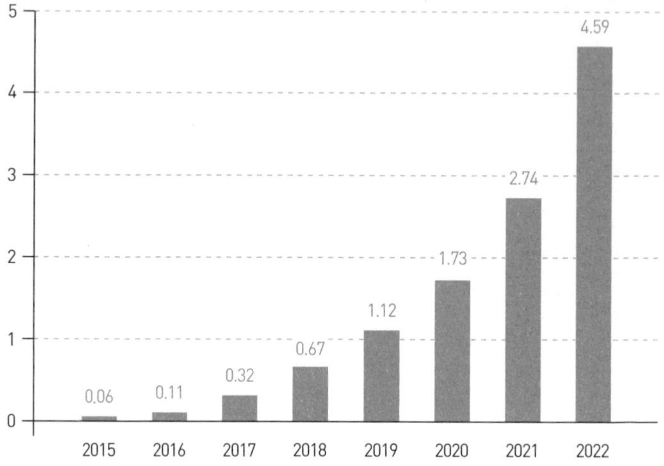

출처: 前瞻产业研究院

년에는 선전에 디지털화폐연구소를 세워 디지털 화폐 개발에 본격 착수했으며, 2020년에는 선전과 쑤저우苏州 등 주요 도시를 시작으로 단계적으로 디지털 화폐의 시범 유통에 나설 예정이다. 2019년 11월 판이페이 인민은행 부행장은 '디지털 화폐의 설계와 표준 제정, 통합 테스트 업무가 기본적으로 마무리됐다'며 '곧 시범 지역을 정해 디지털 화폐를 유통하겠다'고 밝힌 바 있다.

중국의 지방정부들도 중앙정부의 블록체인 육성책에 맞춰 발 빠르게 움직이고 있다. 구이저우貴州, 항저우, 저장浙江, 선전, 광둥성广东省 등은 2017년부터 블록체인 육성 정책을 발표하고 관련 기업에 세제 감면, 보조금 지급 등의 혜택을 제공한다. 알리바바 본사가 위치한 항저우는 친환경 에너지 거래, 금융거래, 주민등록 관리 등에 블록체인 기술을 도입했으며, 광둥성은 중소기업에 대한 효율적인 대출 지원을 위해 블록체인 기반의 금융 플랫폼을 출시했다.

중국의 민간 IT 기업들 역시 블록체인 관련 투자에 적극 나서고 있다. 중국 정부가 블록체인 산업의 판을 깔았다면 BAT와 같은 민간 IT 기업들이 실질적인 플레이어 역할을 하고 있다. 전 세계에서 가장 많은 블록체인 특허를 갖고 있는 알리바바는 블록체인 기술을 이용해 전자상거래 플랫폼 티몰에서 짝퉁을 선별하며, 알리바바의 핀테크 자회사인 앤트파이낸셜은 해외 송금 서비스와 보험금 지급, 의료 데이터 공유 등에 블록체인 기술을 적용했다. 바이두도 2017년에 자체 BaaS Blockchain as a Service 플랫폼을 내놓은 데 이어, 중국 최초로 블록체인 거래소에서 자산 증권화 상품을 운영하는 등 블록체인 기반 금융 서비스에 뛰어들었다. 텐센트 역시 자체 블록체인 플랫폼인 트러스트 SQL과 서비스형 블록체인 TBaaS를 출시했으며, 블록체인 기술에 AR을 접목한 모바일 게임 렛츠헌트몬스터 Let's Hunt Monster를 개발해 큰 인기를 끌었다.

이러한 정책 당국의 적극적인 지원과 IT 기업들의 활발한 투자에 힘입어 중국은 전 세계에서 가장 많은 블록체인 특허를 보유한 국가로 부상했다. 데이터베이스 운영 업체인 아스타뮤제 astamuse가 미국, 중국, 일본, 한국, 독일 등 5개국의 2009~2018년 블록체인 관련 특허 출원 누계 건수를 조사한 결과 중국이 전체 1만 2,000건의 60%

▍국가별 블록체인 특허 출원 건수(2009년~2018년 누계)

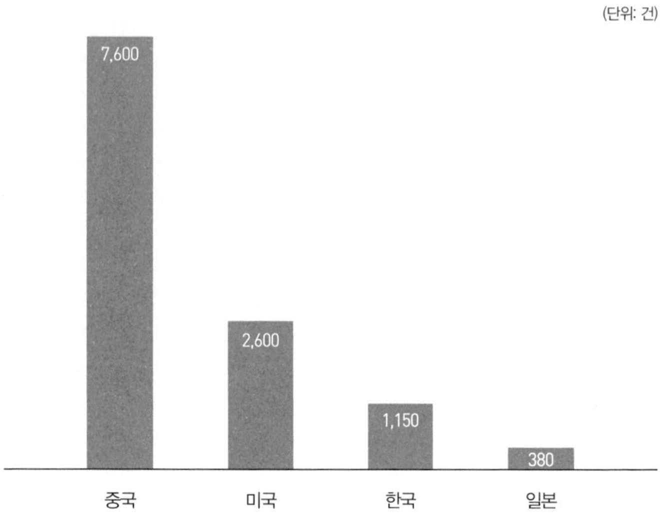

출처: astamuse

이상인 7,600여 건을 차지하는 것으로 나타났다. 이는 2,600여 건을 기록한 미국의 3배에 가까운 수치다.

★ 인민은행의 디지털 화폐 구조

앞에서 언급한 것처럼 중국 인민은행은 디지털 화폐를 발행하려는 움직임을 보이고 있다. 디지털 화폐Central Bank Digital Currency, CBDC란 중앙은행이 현금과 같은 실물 자산이 아닌 전자 형태로 발행하는 새로운 화폐를 의미한다. 법정통화와 일대일 교환이 보장된다는 점에서 비트코인처럼 내재가치를 규정하기 어려운 암호화폐와 구분된다. 실제로 디지털 화폐는 명목화폐fiat currency의 성격을 지니며, 중앙은행이 시장수요에 맞게 탄력적으로 공급하기 때문에 통화가치의 안정성이 보장되고, 교환의 매개수단으로도 사용할 수 있다. 이에 반해 가상화폐는 탄력적인 수요와 비탄력적인 공급이 만나는 지점에서 가격이 결정되기 때문에 안정성이 극히 떨어지고, 가치를 보장해주는 메커니즘이 없어 신뢰성을 담보하기 어렵다.

중국 디지털 화폐의 또 다른 특징은 인민은행이 디지털 화폐를 시중은행에 공급하고, 시중은행이 이를 다시 일반 시민에게 환전하는 이중 구조로 운영된다는 점이다. 먼저 1단계에서는 인민은행이 시중은행과 직접 연결되어 디지털 화폐를 발행하고, 2단계에서 시중은행이 이를 개인과 기업에게 유통해 결제 및 송금에 사용된다. 그리고 이 과정에서 공상은행, 중국은행, 농업은행, 건설은행 등 4대 국영은행과 차이나모바일, 차이나텔레콤, 차이나유니콤 등 3대 이동통신사가 공동으로 디지털 화폐를 운영한다. 이처럼 중국의 디지털 화폐가 이중 구조로 운영되는 이유는 거대한 영토와 14억이나 되는 인구를 중앙은행이 혼자 디지털 화폐를 발행하고 교환하는 업무를 감당하는 것은 현실적으로 어렵기 때문이다. 또한 디지털 화폐의 유통과정에 은행을 참여시킴으로써 은행의 금융 중개 기능이 약화하는 것을 방지하려는 목적도 있다.

디지털 화폐는 구현 방식에 따라 단일원장방식과 분산원장방

중국 디지털 화폐의 이중구조

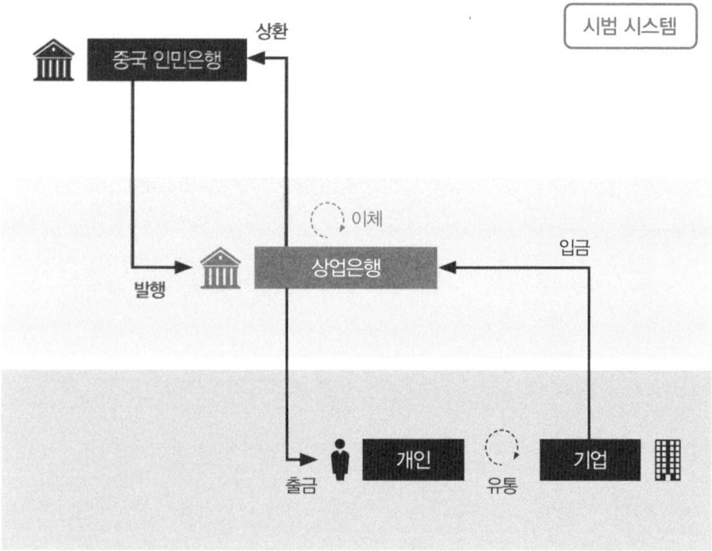

출처: Binance

식으로 나눌 수 있다. 단일원장방식이 중앙관리자가 하나의 거래원장을 전담해 관리하는 중앙집중형 방식이라면, 분산원장방식은 블록체인 기술을 이용해 다수의 참여자들이 공유된 원장을 관리하는 방식을 의미한다. 그중 중국이 추구하는 것은 당연히 중앙은행이 고유의 발권력을 유지할 수 있는 단일원장방식이다.

이렇게 본다면 시진핑 주석이 블록체인 굴기에 나섰다는 것이 비트코인 등 암호화폐 시장에 마냥 호재는 아니다. 중국 정부는 비트코인과 같은 암호화폐가 아닌 인민은행 주도로 만들어질 디지털 화폐를 공급하는 것이 목적이기 때문에 시진핑 주석의 블록체인 산업 육성을 암호화폐 시장 활성화로 해석하는 것은 무리다. 더욱이 중국이 추구하는 디지털 화폐는 100% 정부가 컨트롤하는 화폐로 익명성과 탈중앙화를 지향하는 기존 암호화폐와는 성격이 정반대라고 할 수 있다. 중국 관영 언론인 인민일보 역시 '블록체인 기술이 암호화폐와 함께 생겨난 것은 사실이지만 블록체인 기술혁신이 가상화폐 투기와 동의어는 아니다'라고 선을 그으며 '블록체인을 이용한 가상화폐 발행과 실체가 없는 공기 화폐에 대한 투기를 반드시 방지해야 한다'고 지적한 바 있다. 중국 정부가 블록체인 기술에 적극적으로 투자하면서도 가상화폐 공개ICO를 불법으로 규정하고 가상화폐 거래소에 대한 규제를 지속하고 있는 것도 이 때문이다.

그렇다면 중국은 왜 이 시점에 디지털 화폐를 발행하려고 하는 것일까? 여기에는 몇 가지 이유가 있다. 첫 번째는 2019년 6월 페이스북이 자체 디지털 화폐인 리브라를 발행할 계획을 발표하자 또 다시 서방에 디지털 경제의 주도권을 빼앗길 것을 우려한 중국이 서둘러 디지털 화폐 발행을 추진하려는 목적이 가장 크다. 리브라는 미국뿐 아니라 전 세계 플랫폼에서 사용할 수 있도록 설계됐기 때문에 중국 디지털 화폐의 강력한 라이벌이 될 가능성이 높다. 중국은 현재 페이스북의 리브라 발행이 미국, 유럽 등 각국 정부의 반발에 부딪혀 난항을 겪는 틈을 활용해 디지털 화폐 시장을 선점하려 하고 있다.

두 번째는 정책 당국이 중국 내 자금 흐름을 보다 확실하게 파악하기 위해서다. 현재 중국에서는 알리페이, 위챗페이 등이 보편화하면서 중앙은행이 발행한 현금을 이용하지 않고 모바일결제로 거래하는 경우가 대부분이다. 문제는 모바일결제가 보편화되면서 중국 정부보다 알리바바, 텐센트와 같은 민간 IT 기업들이 시중의 돈 흐름을 더 잘 파악하고 있다는 점이다. 이는 안면 인식과 CCTV 등을 통해 인민들에 대한 통제력을 강화하고 있는 중국 정부가 원하는 그림이 아니며, 나아가 중국 정부의 통화 주권을 심각하게 위협한다. 중국이 이미 현금 없는 사회로 전환한 상황에서 디지털 화폐 발행을 통해 통화 주도권을 되찾으려는 것이다. 2019년 1월부터 인민은행이 모바일결제 회사의 비부금• 비율을 100%로 상향 조정하고, 비부금을 맡길 예치 기관을 상업은행이 아닌 인민은행으로 제한한 것도 이러한 이유에서다. 앞서 중국이 분산원장방식이 아닌 단일원장방식을 채택하는 것 역시 중앙은행이 시중자금의 모든 거래 흐름을 볼 수 있기 때문이다. 나아가 중국은 국내 거래 이외에 국가 간 외환 거래에서도 블록체인 기술을 활용하는 방안을 추진하고 있다. 최근 경상수지 감소와 위안화 약세에 따른 달러 유출 압력이 커지고 있는 상황에서 블록체인과 인공지능 기술을 활용해 외환 유출입을 엄격히 관리하고 불법적인 달러 반출을 제한하기 위해서다.

마지막으로 중국은 디지털 화폐 발행으로 달러 중심의 기존 국제 통화 질서에 도전하려 하고 있다. 잘 알려져 있듯이 중국은 글로

• 지급준비금의 일종으로 결제 회사가 고객으로부터 돈을 받아 판매자에게 최종 지급할 때까지 맡아두는 돈을 뜻한다. 알리바바와 텐센트는 비부금을 위험자산 등에 투자해 상당한 이익을 얻어왔다.

출처: scmp

중국은 정부 주도의 중앙은행이 발행하는 디지털 화폐를 계획하고 있다. 이를 통해 현금 없는 사회를 가속화하고 정부의 통화 주권을 되찾고자 한다. 또한 기축통화로써 달러의 지위를 흔들려는 속셈도 있다.

벌 금융위기 이후 위안화 국제화를 위해 상당한 노력을 기울여왔다. 미국의 달러를 현재의 기축통화 지위로 만들어준 페트로 달러 시스템Petro Dollar System•에 도전하기 위해 위안화로 석유를 거래할 수 있도록 했고, 위안화를 IMF 특별인출권Special Drawing Rights, SDR에 편입시킨 데다 일대일로 프로젝트를 통해 위안화 결제를 활성화하고자 했다. 하지만 위안화의 국제화 속도는 기대에 미치지 못했다. 기축통화로써 달러의 위상이 워낙 강고한 데다 위안화 환율의 변동성이 커 결제통

• 1970년대 이후 미국과 주요 산유국들이 달러로만 석유 대금을 결제할 수 있게 한 시스템으로, 달러가 세계 기축통화 지위를 유지하는 데 중요한 역할을 하고 있다.

화로 사용되기에 신뢰성이 크게 나아지지 않았기 때문이다. 국제은행 간 금융통신협회SWIFT에 따르면 2019년 말 현재 위안화 국제결제 비중은 2%에도 미치지 못하는 것으로 나타났다. 이처럼 기존의 위안화로는 기축통화인 달러의 패권을 흔드는 것이 어려운 상황에 중국은 디지털 화폐라는 우회적인 방식을 통해 국제금융시장에서 위안화의 영향력을 높이려는 것이다. 특히 일대일로에 참여하는 국가들과의 국제 송금이나 무역 결제에 디지털 화폐를 사용함으로써 위안화를 구심점으로 아시아, 중동, 아프리카를 포괄하는 거대 경제권을 구축하려 하고 있다. 이에 데이비드 마커스David A. Marcus 페이스북 부사장은 '리브라가 실패하면 5년 뒤 세계가 디지털 위안화의 지배를 받게 될 것'이라고 경고하기도 했다.

하지만 중국이 넘어야 할 산도 적지 않다. 미국, 유럽 등 서방의 견제가 만만치 않을 것은 물론이고, 위안화가 국제결제 통화로써 기능하기 위해선 금융시장 개방, 외환관리 인프라 등 수많은 과제를 해결해야 한다. 더욱이 중국의 디지털 화폐 발행이 위안화 국제화로 연결되려면 익명성을 보장하는 개인정보 보호가 담보되어야 하는데, 중국 정부의 통제가 더욱 강화된 디지털 화폐가 중국 이외 지역에서도 얼마나 확장성을 가질지는 미지수다. 그럼에도 불구하고 디지털 화폐 발행을 통해 위안화 국제화를 추진하려는 중국 정부의 의지가 매우 강하고 중국 경제의 영향력이 갈수록 커지고 있다는 점을 고려하면, 일대일로 참여국을 비롯한 특정 지역에서의 중국 디지털 화폐 확산은 그리 먼 미래가 아닐 것이다.

13

플랫폼 제국의 그림자, 디지털 빅브라더

조지 오웰의 소설《1984》에 나온 빅브라더가 지배하는 세상이 중국에서 펼쳐지고 있다. 그것도 21세기 디지털 버전으로 말이다. 첨단기술이 적용된 감시 시스템이 도처에 깔려 있는 중국에서 자유로운 개인은 추상적인 개념에 불과하다. 공항, 철도, 거리 곳곳에 촘촘하게 설치되어 있는 CCTV는 사람들의 동선을 실시간으로 감시하며, 스마트폰의 GPS와 QR코드 결제를 통해 사람들이 어디에 갔고 무엇을 샀는지 기록된다. 건물이나 학교에 들어갈 때도 입구에서 안면 인식을 해야 하고, 동영상 플랫폼을 통해 어떤 프로그램을 즐겨 보는지 실시간으로 업데이트된다. 심지어 SNS에 남긴 글과 사진으로 정부가 사람들의 내밀한 마음속까지 들여다볼 수 있게 됐다. 과거 어떤 강력한 제국도 할 수 없었던 일이다.

다른 나라도 예외는 아니다. 4차 산업혁명 기술이 발전하고 플랫폼 경제가 확산되면서 전 세계적으로 빅브라더 출현을 우려하는 목소리가 높아지고 있다. 기술이 진보할수록 온·오프라인 상에서 사회 구성원에 대한 정보를 수집하고 분석하는 것이 훨씬 용이해지기 때문이다. 그리고 코로나19 팬데믹은 각국 정부의 빅브라더화를 더욱 가속화시켰다. 실제로 미국 카네기국제평화재단의 보고서 〈AI 감시의 글로벌 확장The Global Expansion of AI Surveillance〉에 따르면 전 세계 176개국 가운데 75개국이 감시를 목적으로 AI 기술을 활용하고 있는 것으로 나타났다. 이 75개국 가운데에는 주민 감시를 당연한 것으로 여기는 독재국가뿐 아니라 인권과 법치를 내세우는 민주국가들도 대거 포함되어 있다. 물론 이들 국가가 모두 비슷한 수준으로 AI 감시 기술을 사용하는 것은 아니다. 이런 점에서 중국은 AI 감시 기술이 어디까지 적용될 수 있는지 보여주는 극단적인 사례임과 동시에 세계 각국으로 최첨단 감시 시스템을 확산시키는 진원지이기도 하다. 중국에서 빅브라더의 출현은 다가올 미래가 아니라 이미 눈앞에 펼쳐진 현실이다.

AI부터 빅데이터, 안면 인식, 사물인터넷에 이르는 첨단기술은 14억 인구의 중국을 총감시 사회로 만들고 있다. 지구상 가장 많은 디지털 데이터를 쏟아내는 중국에서 정부는 이를 활용해 도전받지 않는 절대 권력을 휘두르고 있다. 중국의 사회주의 통치 체제와 첨단기술이 결합하면서 디지털 빅브라더가 현실화한 것이다. 《파이낸셜타임스》 역시 중국이 빅브라더 사회가 되기에 최적의 조건을 갖춘 국가라고 평가한 바 있다. 알리바바, 텐센트 등이 거대 플랫폼 기업으로 성장하는 과정에서 엄청난 양의 빅데이터가 축적되고 있는 데다 공산당의 통치 방식이 권위주의적이고, 프라이버시에 대한 국민들의 의식수준이 높지 않다는 이유에서다.

★ 세계 최대 감시 네트워크, 스카이넷

중국 정부는 2015년부터 세계 최대 감시 네트워크인 스카이넷Skynet • 프로젝트를 추진해왔다. 범죄와 재난을 예방해 중국을 안전한 사회로 만들겠다는 명분을 내세우고 있지만, 실제로는 사회 통제를 위한 수단으로 이용하고 있음을 부인하기 어렵다. 중국 전역에 얼굴 인식 기능이 탑재된 CCTV 2억 대가 설치되어 실시간으로 행인들의 신원을 파악하고 있으며, 모든 국민의 얼굴을 3초 안에 90%의 정확도로 식별해내는 것이 목표다. 2020년까지 4억 대 이상의 감시 카메라가 추가로 설치될 예정이다. 중국에서 무단횡단한 사람의 이름과 신분증 번호 일부가 도로 위에 설치된 LED 전광판에 표시되고 문자메시지로 위반 내용이 전송되는 것도 스카이넷이 구축됐기 때문에 가능

• '하늘의 그물'이라는 뜻의 톈왕天网을 영어로 번역한 것으로 노자의 도덕경에 나온 '천망회회 소이불실天网恢恢 疏而不失', 즉 하늘 그물의 눈은 매우 넓어서 성긴 것 같지만 악인은 하나도 놓치지 않는다는 표현에서 따온 명칭이다.

한 일이다.

이러한 상황을 이해하고 나면 전 세계에서 감시 카메라가 가장 많이 설치된 도시 10곳 중 8곳이 중국에 있는 것도 전혀 놀랍지 않다. 영국 IT 전문 컨설팅 업체인 컴패리테크에 따르면 세계 120개 도시 가운데 1위는 인구 1,000명 당 감시 카메라가 168대 설치되어 있는 충칭으로 서울보다 감시 카메라 밀도가 44배나 높다. 이어 하드웨어의 실리콘밸리로 불리는 선전과 중국의 경제 수도 상하이가 각각 2위와 3위를 차지했다. 중국의 하이크비전이 세계 최대 감시 카메라 제조업체로 부상한 것도 이처럼 막대한 내수 시장이 뒷받침해주고 있기 때문이다.

나아가 중국 정부는 2016년에 공산당 중앙위원회의 승인을 받아 스카이넷의 업그레이드 버전인 '매의 눈Sharp Eyes'• 프로젝트에 착수했다. 이 프로젝트는 도시뿐 아니라 농촌지역에 설치된 감시 카메라를 주민들의 TV, 스마트폰과 연결해 공안이 현장 상황을 24시간 감시, 통제할 수 있는 대중 감시 네크워크를 구축하는 것이 목적이다. 그야말로 14억 중국인의 일거수일투족을 감시하는 시스템이 구축되는 것이다.

• 중국에서 '쉐량공정雪亮工程'으로 불리는 이 프로젝트는 마오쩌둥의 어록 중 '군중적안정시설량적群衆的眼睛是雪亮的', 즉 인민들의 눈은 눈처럼 밝다는 표현에서 따온 명칭이다.

▌세계 도시별 감시 카메라 개수 비교(2018년 기준, 인구 1,000명당)

순위	도시(국가)	감시카메라 개수
1	충칭(중국)	168대
2	선전(중국)	159대
3	상하이(중국)	113대
4	텐진(중국)	92대
5	지난(중국)	73대
6	런던(영국)	68대
7	우한(중국)	60대
8	광저우(중국)	52대
9	베이징(중국)	39대
10	애틀랜타(미국)	15대

자료: Comparitech

세계 120개 도시 가운데 1위는 인구 1,000명 당 감시 카메라가 168대 설치되어 있는 충칭으로 서울보다 감시 카메라 밀도가 44배나 높다. 이어 하드웨어의 실리콘밸리로 불리는 선전과 중국의 경제 수도 상하이가 각각 2위와 3위를 차지했다.

★ 안면 인식 기술, 생활이 되다

중국 정부는 2019년 12월 1일부터 모바일 서비스에 가입하는 신규 고객에 대해 안면 인식을 의무화하는 조치를 시행했다. 이전까지 중국에서는 휴대전화를 등록할 때 신분증과 사진으로 신원을 확인했지만, 여기에 더해 사용자의 얼굴도 스캔하도록 한 것이다. PC보다 스마트폰으로 인터넷에 접속하는 사람의 비중이 압도적으로 높은 상황에 모든 스마트폰 사용자의 신원을 추적할 수 있는 시스템을 구축하기 위해서다. 이에 대해 중국 당국은 사이버 보안과 온라인 사기를

중국은 안면 인식 기술력과 활용에서 타의 추종을 불허한다. 중국의 안면 인식 알고리즘은 정부의 전폭적인 지원과 풍부한 안면 데이터를 이용해 인종과 관계없이 0.2초 만에 이동하는 사람의 얼굴을 99% 정확도로 판별해낸다.

▌세계 감시기술 관련 특허 출원 수 비교

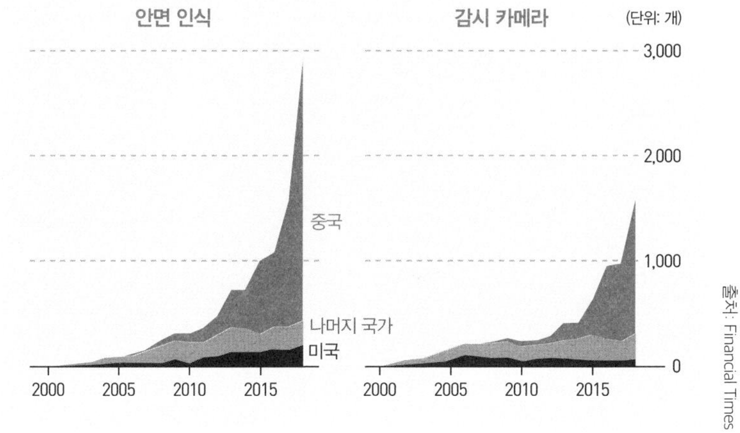

막기 위한 조치라고 밝히고 있다. 실제로 안면 인식 기술은 중국 정부의 감시 시스템을 강화하는 데 핵심적인 역할을 하고 있다. 스카이넷 프로젝트가 시행된 이후 2년간 2,000여 명이 넘는 범죄자를 검거했다. 2018년에는 6만 명이 운집한 홍콩 유명 가수 겸 배우 장학우張學友 콘서트에서 중국 공안이 수배범을 체포하기도 했다. 이 과정에 중국의 인공지능 선두 기업인 센스타임의 안면 인식 기술이 활용됐다.

안면 인식 기술은 중국인들의 일상생활에서도 광범위하게 활용된다. 일반 마트, 은행, 대중교통 등에 도입되면서 스마트폰 기반의 QR코드를 대체하는 새로운 결제 수단으로 자리 잡고 있다. 선전, 광저우를 비롯한 10개 도시에서는 지하철 개찰구에 설치된 스크린에 얼굴을 갖다 대면, 안면 인식 후 문이 열리고 이용 요금은 승하차

지점을 자동으로 인식해 앱에 등록된 계좌에서 자동으로 결제되는 시스템이 시범 운용되고 있다. 공항에서도 탑승권 없이 얼굴을 등록하면 입출국 절차를 밟을 수 있고, 호텔 체크인과 은행 ATM 출금도 얼굴 스캔만으로 가능하다.

정부의 인공지능 굴기 정책과 테크 기업들의 공격적인 투자로 중국의 안면 인식 기술은 이미 세계 최고 수준에 이르렀다. 2018년 미국 표준기술 연구소가 주최한 안면 인식 공급업체 정확도 테스트에서 상위 1~5위를 차지한 알고리즘은 이투커지, 센스타임, 선전첨단기술연구원 등 모두 중국 기업들이 제출한 것이었다. 중국의 인공지능 스타트업들이 쟁쟁한 미국 기업을 제치고 뛰어난 기술력을 인정받은 것이다. 이와 같은 성과는 정부의 과감한 지원 정책과 풍부한 안면 인식 데이터가 뒷받침됐기 때문에 가능했다. 실제로 해당 업체들의 안면 인식 알고리즘은 인종과 관계없이 0.2초 안에 이동하는 사람의 얼굴을 99% 정확도로 식별할 수 있다. 중국은 안면 인식, 감시 카메라 등 감시 기술 관련 특허 출원 면에서도 압도적인 글로벌 1위를 차지하고 있다.

★ 모든 국민에게 신용등급을

중국 정부는 2020년부터 모든 국민과 기업의 등급을 매기는 사회 신용 시스템social credit system을 시행하고 있다. 모든 국민과 기업의 신용

등급을 산출하고 이를 바탕으로 혜택이나 불이익을 주는 제도다. 예를 들어 공공질서와 법규를 잘 지키고 공과금을 제때 냈거나 자원봉사나 헌혈을 한 사람에겐 전기료 감면, 은행 대출 우대 등의 혜택이 주어진다. 이에 반해 탈세가 적발되거나 SNS에 악성 댓글을 다는 경우 낮은 신용등급을 받으며 그 대가로 공공부문 취업이 제한되거나 정부 보조금을 받지 못한다. 특히 고의로 채무를 갚지 않거나 법원 명령을 이행하지 않는 사람들은 블랙리스트에 올라 비행기나 고속철도를 이용할 수 없다. 2018년까지 이런 이유로 비행기와 고속철도 탑승이 금지된 사람은 각각 1,700만 명, 540만 명에 이른다. 감시 카메라가 국민의 행동을 감시했다면 사회 신용 시스템은 생활양식 자체를 통제하고 있는 것이다. 홍콩 사우스차이나모닝포스트SCMP는 중국 정부가 시행하는 사회 신용 시스템을 '문화대혁명 이후 가장 야심 찬 사회공학 프로젝트'라고 평가했다.

기업도 예외가 아니다. 중국 정부는 3,300만 개에 이르는 기업들을 대상으로 점수를 매긴 후 불량 기업을 솎아내는 사회 신용 평가 작업을 하고 있다. 법원 판결, 세금 납부 기록에서부터 환경보호, 근무 환경에 이르는 다양한 기준을 토대로 기업들을 최우수, 우수, 적정, 미달 등 4개 범주로 분류한다. 여기서 높은 신용등급을 받은 기업에게는 은행 대출 우대 등의 혜택이 주어지지만, 낮은 신용등급을 받은 기업은 공공 프로젝트 수주나 회사채 발행 등에서 제한을 받는다. 불투명했던 기업 정보가 공개된다는 점은 긍정적이지만 평가 기준이 자의적일 수 있고, 외국계 기업에 대한 보복 수단으로 악용될 수 있다는 점에서 중국 비즈니스 환경의 불확실성을 키울 가능성이 높다.

중국 감시 시스템의 디스토피아적 현실이 가장 극적으로 펼쳐지고 있는 곳은 신장위구르 자치구新疆维吾尔自治区다. 중국 북서부에 위치한 신장위구르 자치구는 위구르족 이슬람교도 1,100만 명이 거주하는 지역으로 분리독립을 주장하는 위구르족과 이를 억누르는 중국 정부 간 갈등이 첨예해지면서 '중국의 화약고'로 불린다. 특히 시진핑 정부 출범 이후 위구르족에 대한 통제 정책이 대폭 강화되면서 국제사회가 꾸준히 인권 문제를 제기해왔다. 실제로 《뉴욕타임스》 등 해외 언론에 따르면 중국 정부는 2017년 이후 신장위구르 자치구에 위치한 사실상의 수용소인 직업훈련소에 100만 명이 넘는 사람들을 가둬놓고 안면 인식 기술, 모바일 앱 등 첨단기술을 활용해 이들의 일거수일투족을 감시해왔다. 감시 카메라를 통해 요주의 인물을 색출 및 추적하고 휴대전화에 멀웨어(악성 소프트웨어)를 설치해 일상생활을 엿본 것이다. 인공지능과 머신러닝을 통해 수집한 빅데이터를 이용해 반국가, 반체제 행위에 가담할 성향이 있는 사람들을 식별하고 영화 〈마이너리티 리포트〉처럼 앞으로 일어날 범죄를 예측할 수 있는 모델을 구축하기 위해서다. 이에 미국은 2019년 10월 신장위구르 자치구 인민정부와 감시 카메라 제조업체 하이크비전, 인공지능 업체 센스타임, 이투커지 등 총 28개 중국 정부 기관 및 기업들을 제재 리스트에 올렸다. 이들 기관 및 기업이 각종 첨단기술을 활용해 위구르족을 구금하고 감시하는 등 인권 침해와 유린 활동에 관여했다는 이유에서다.

★ 세계로 수출되는 만리방화벽

중국은 만리방화벽이라 불리는 인터넷 감시 시스템을 통해 해외 인터넷 접속을 막고 중국 내 온라인 뉴스와 SNS를 검열하고 있다. 만리방화벽은 불순분자들로부터 국가 안전을 지킨다는 명분 하에 1998년 '황금방패 프로젝트Golden Shield Project'의 일환으로 추진됐으며, 2003년에 지금의 형태로 완성됐다. 현재 중국 정부가 운용하는 인터넷 검열 인력은 5만여 명 수준으로 알려진다. 만리방화벽은 알리바바, 텐센트 등 중국의 IT 기업들이 글로벌 기업과 별다른 경쟁 없이 성장할 수 있도록 방패막 역할을 했지만, 동시에 자유로운 정보 교류를 막고, 자국민을 통제하는 수단으로 악용된다는 비판도 받았다. 실제로 중국에서는 구글, 페이스북, 유튜브 등 해외 검색엔진과 SNS뿐 아니라《뉴욕타임스》,《월스트리트저널》,《가디언》, BBC 등 주요 외신들도 차단된다. 이에 많은 사람이 VPN(가상사설망)과 같은 우회 접속 프로그램을 통해 해외 사이트에 접속했지만, 최근에는 중국 정부가 인공지능 기술을 활용해 이마저도 차단하고 있다. 중국 사이트에 대해서도 강도 높은 검열이 이뤄지고 있다. 2018년 10월 중국의 양대 SNS인 위챗과 웨이보 계정 1만여 개가 불온한 콘텐츠를 제대로 관리하지 않았다는 이유로 한꺼번에 폐쇄된 것이 단적인 예다.

전 세계 만리방화벽 공유 국가

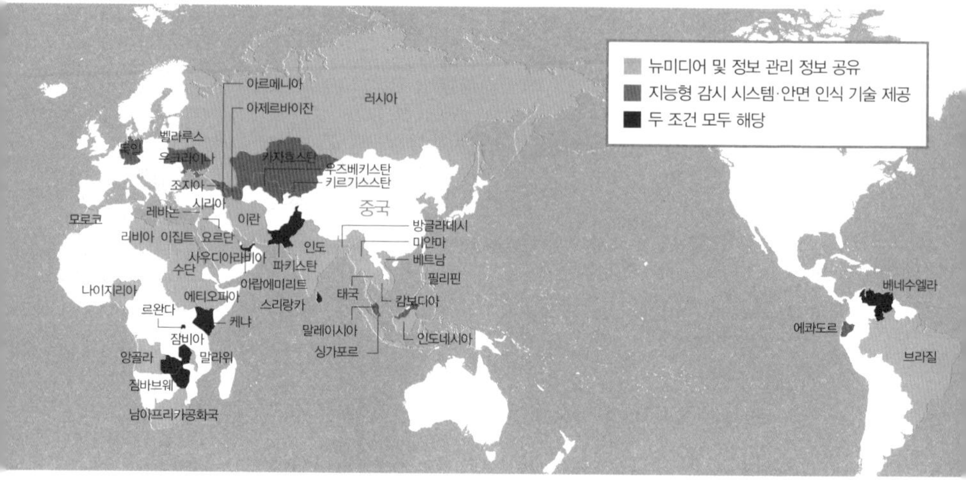

출처: freedomhouse

하지만 이처럼 중국 정부가 인터넷에 대한 강력한 통제에 나서고 있음에도 불구하고 글로벌 IT 기업들은 어떻게든 중국 시장에 진출하기 위해 다양한 노력을 기울이고 있다. 중국의 거대한 시장과 14억 인구가 쏟아내는 데이터가 워낙 풍부해서다. 구글이 운영하고 있는 드래곤플라이Dragonfly가 대표적인 예다. 드래곤플라이는 중국 정부의 검열 규정을 따르는 검색엔진 개발 프로젝트다. 2010년에 중국에서 철수한 바 있는 구글은 내부 반발에도 불구하고 중국 시장에 재진입하기 위해 인권, 민주주의, 종교 등 정치적으로 민감한 검색 결과를 차단하는 검색엔진을 개발해왔다. 페이스북 역시 중국 자회사 설립을 추진하는 한편, 중국 내에서 다양한 사회 활동을 펼치며 중국 시장 진출을 노리고 있다. 만약 구글과 페이스북이 중국에 진출한다 해도 중국 정부의 검열 규정을 따를 수밖에 없다는 점을 감안하면, 이들 기업의 중국 진출로 수혜를 받게 되는 대상은 보다 자유로운 인터넷 환경을 원하는 중국인이 아니라 콘텐츠 감시 일거리가 늘어나는 검열 산업일 가능성이 높다.

문제는 만리방화벽으로 대변되는 중국의 인터넷 감시 시스템이 세계 각국으로 빠르게 수출되고 있다는 점이다. 미국의 국제 인권 단체 프리덤하우스가 발표한 보고서 〈2018 인터넷 자유도〉에 따르면 조사 대상 65개국 중 러시아, 베트남, 브라질 등 36개국이 중국 정부로부터 뉴미디어와 정보 관리 정책을 전수받았고, 싱가포르, 말레이시아, 독일 등은 중국 기업들로부터 안면 인식 기술과 지능형 감시 시스템을 도입했다. 또한 ZTE, 다화[大华], 차이나모바일 등 중국 기업들은 UN산하 국제전기통신연합[ITU]이 진행하고 있는 안면 인식, 감시 카메라 분야의 국제 표준을 만드는 작업에 적극 참여하고 있다. 특히 시진핑 정부의 국가전략 사업인 일대일로는 중국의 감시 시스템이 확산되는 도관 역할을 하고 있다. 중국은 일대일로 참여국에 대규모 투자를 하면서 중국의 통신망, 감시 시스템을 함께 이식한다. 미국 카네기국제평화재단에 따르면 화웨이, ZTE, 하이크비전 등 중국 테크 기업의 감시 시스템이 63개국에 수출됐는데, 이 중 36개국이 일대일로 프로젝트에 포함된 국가였다. 여기에는 짐바브웨, 미얀마 등 국제사회로부터 인권 탄압의 비판을 받는 국가들이 다수 포함되어 있다. 전체 매출의 30% 정도가 해외에서 발생하는 하이크비전의 경우 일대일로 국가뿐 아니라 미국, 유럽 등 선진국에도 진출했다. 도·감청 우려로 미국 정부가 하이크비전을 블랙리스트에 올렸지만, 우수한 기술력과 가격경쟁력을 앞세워 이미 주요 선진국 곳곳에 하이크비전의 감시 시스템이 광범위하게 설치됐기 때문에 이를 완전히 제거하기는 어려운 상황이다.

이러한 중국 감시 시스템의 확산을 저지할 수 있을까? 국제사회의 노력으로 확산 속도를 늦출 수는 있겠지만, '디지털 빅브라더'의 부상을 막기에는 역부족일 것이다. 중국 정부가 자국의 테크 기업들을 앞세워 디지털 중국몽을 강하게 밀어붙이고 있고, 다른 국가들도 다양한 정치·경제적 이유로 중국의 감시 시스템을 필요로 하기 때문이다. 특히 코로나19 사태는 중국식 디지털 감시 기술의 진가를 재차 확인시켜줬다. 사생활 침해에 대한 문제의식과 감시에 대한 불만보다는 안전에 대한 편익이 부각되면서 중국 내에서 감시 시스템에 대한 반대 여론이 힘을 얻지 못하고 있다. 더욱이 중국의 지배권력도 이러한 상황에 제동을 걸기는커녕 나날이 발전하는 감시 시스템이 제공하는 효용에 이미 중독됐을 가능성이 높다. 다만 2019년 홍콩 사태에서 보듯이 정치체제의 안정성은 강력한 감시 시스템이 담보하는 것이 아니라 국민들의 동의와 절차적 정당성에서 나온다는 점을 고려하면 중국 국민들의 시민의식 변화만이 이러한 현실을 변화시킬 수 있는 유일한 방법이다.

14

거인의 어깨 위에 올라타라

★ 중국, 한국 기업의 무덤이 되다

중국이 변하고 있다. 플랫폼 경제가 확산하면서 산업 간 융합과 기술혁신이 이뤄지고, 온·오프라인의 경계가 빠르게 허물어지고 있다. 소비자들이 점점 더 스마트해지면서 새로운 소비 트렌드와 다양한 채널들이 생겨나고 있으며, 이에 대응한 기술과 서비스도 계속해서 진화하고 있다. 중국의 모바일결제는 대륙을 현금 없는 사회로 탈바꿈시키는 동시에 전자상거래, O2O 시장의 비약적인 성장을 이끌었다. 경제성장률은 둔화하고 있지만 성장축이 투자, 수출 중심에서 내수 소비로 전환되면서 세계의 공장이었던 중국은 세계의 시장으로 변모하고 있다. 또한 중국은 인공지능, 5G, 빅데이터 등 4차 산업혁명 분야에서 미국과 경쟁하는 기술 선도 국가로 부상했다. 이러한 최첨단기술과 거대한 시장을 발판으로 알리바바, 텐센트, 바이트댄스, 디디추싱 등 차이나 플랫폼 기업들은 중국을 넘어 글로벌 시장으로 사업 영역을 확장하고 있다.

문제는 한국이 중국의 이러한 변화에 잘 적응하지 못하고 있다는 점이다. 중국이 세계의 공장으로 부상했을 때 한국은 중국을 제조업 기지로 활용하며 엄청난 경제적 혜택을 누렸다. 중국의 수출이 늘어나면 한국의 수출도 함께 늘어나는 선순환 구조가 형성됐고, 이 과정에서 IT, 석유화학, 철강 등 한국 주력산업의 기틀이 마련됐다. 하지만 중국이 제조업 경쟁력을 높이는 것을 넘어 경제구조가 서비스업 중심으로 전환되고, 생산부터 유통, 소비에 이르는 전 과정이 모바일에 기반한 플랫폼 경제로 재편되면서 상황은 달라졌다.

중국이 자국산 부품소재 비중을 높이는 차이나 인사이드China inside 정책을 펼치고 있고, 2012년부터 중국의 서비스업 비중이 제조업 비중을 넘어서는 중대한 변화가 나타나고 있음에도 불구하고 한국의 수출구조는 여전히 소비재가 아닌 중간재에 편중되어 있다. 한국이 중국으로 수출하는 품목에서 중간재가 차지하는 비중은 2010년 이후 꾸준히 늘어나 2019년에 79.4%를 기록한 반면, 소비재 비중은 4.4%에 불과한 수준이다. 이는 중국 경제의 패러다임 전환에 따른 직격탄을 맞을 수밖에 없는 구조다. 실제로 지난 몇 년간 스마트폰, 디스플레이, 자동차 등 한국 주력산업의 중국 시장점유율은 곤두박질쳤고, 이마트, 롯데마트 등 유통 기업들도 중국 시장에서 줄줄이

▌한국의 가공 단계별 중국향 수출 비중

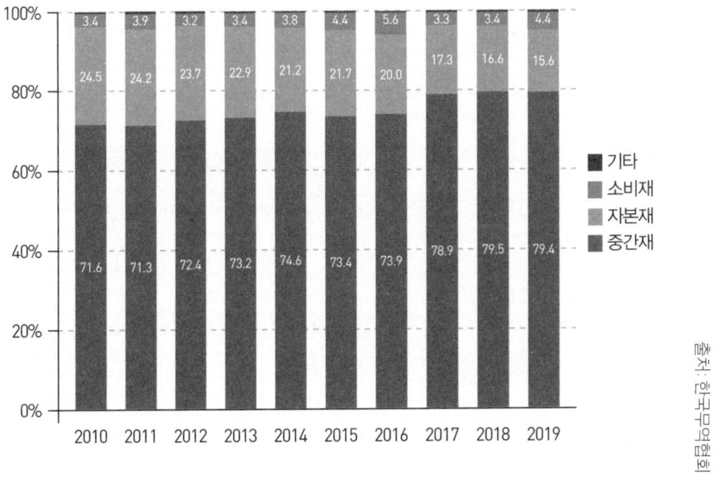

철수했다. 물론 여기에는 중국의 사드 보복도 영향을 미쳤지만, 중국 시장의 변화와 소비 트렌드에 한국 기업들이 제대로 대응하지 못한 것이 근본적인 원인이었다. 이마트의 경우 중국 점포 수가 이미 2010년(26개)부터 감소하기 시작해 사드 보복 이전인 2015년에 8개로 줄었고, 롯데마트의 중국 매출 역시 2013년을 정점으로 줄곧 하락세를 보였다. 알리바바, 징동닷컴 등 전자상거래 업체가 중국의 유통시장을 장악해가는 상황에서 한국 업체가 중국의 디지털 플랫폼에 편입되지 못한 결과다. 이처럼 중국에서 한국의 주력 기업들이 잇따라 퇴출되면서 중국이 한국 기업의 무덤이 되고 있다는 말까지 나오고 있다.

차이나 플랫폼의 위협은 중국 시장에 국한되지 않는다. 최근 몇 년간 한국 기업들이 인건비 상승, 경쟁 심화 등을 이유로 중국을 벗어나 동남아로 진출하고 있지만, 그곳에서도 중국의 대형 플랫폼 기업들과 맞닥뜨리고 있다. 이들은 동남아를 교두보 삼아 글로벌 시장으로 진출하고자 공격적인 투자와 M&A를 지속해왔다. 중국과 지리적으로 가깝고 경제발전 단계가 유사한 동남아 시장에서 소비자 맞춤형 제품과 서비스를 제공하면 글로벌 기업들과의 경쟁에서 우위를 점할 수 있다는 계산이 섰기 때문이다. 구체적으로 알리바바는 동남아의 아마존으로 불리는 라자다를 인수한 데 이어 인도네시아 전자상거래 업체인 토코피디아Tokopedia에 거액을 투자했다. 또한 태국의 결제 서비스업체인 어센드머니Ascend money와 인도의 최대 온라인 결제 업체인 페이티엠Paytm의 지분도 확보했다. 그 결과 전자상거래 시장 규모가 20억 달러 이상(2019년 말 기준)인 동남아시아 6개 국가 중 점유율 상위 4위 기업 순위에 알리바바 관련 기업이 모두 이름을 올렸다. 알리바바가 동남아시아 전자상거래 시장을 사실상 평정한 것이다.

텐센트 역시 싱가포르 전자상거래 업체 쇼피의 모회사 시Sea, 인도네시아 1위 차량 공유 업체인 고젝, 필리핀 온라인 교육업체 ABC360 등에 대규모 자본을 투입했다. 플랫폼 확산의 핵심축이라고 할 수 있는 중국의 핀테크 업체들도 동남아 시장을 적극 공략했다. 은행 계좌 및 신용카드 보급률이 낮고 인터넷 인프라가 열악한 상황을 기회로 활용해 공격적인 투자에 나섰다. 현지에 최적화된 서

동남아시아 주요 전자상거래 업체(2019년 기준)

	1위	2위	3위	4위
 인도네시아	토코피디아 (인도네시아) 34.3%	쇼피 (싱가포르) 17.5%	뿌까락빡 (인도네시아) 12.9%	알리바바 (중국) 5.6%
 태국	알리바바 (중국) 9.3%	라자다 (중국) 5.1%	CP (태국) 3.5%	테스코로터스 (태국·영국) 3.1%
 말레이시아	알리바바 (중국) 24.6%	쇼피 (싱가포르) 16.9%	로켓인터넷 (독일) 5.9%	라자다 (중국) 5.4%
 베트남	모바일월드 (베트남) 21.7%	티키 (중국) 9.2%	쇼피 (싱가포르) 7.5%	알리바바 (중국) 5.5%
 필리핀	쇼피 (싱가포르) 12%	알리바바 (중국) 11.1%	로켓인터넷 (독일) 3.5%	라자다 (중국) 2.5%
 싱가포르	큐텐 (한국) 20.6%	알리바바 (중국) 14.7%	애플스토어 (미국) 8%	쇼피 (싱가포르) 6.7%

출처: Euromonitor

전자상거래 시장 규모가 20억 달러 이상(2019년 말 기준)인 동남아시아 6개 국가 중 점유율 상위 4위 기업 순위에 알리바바 관련 기업이 모두 이름을 올렸다. 알리바바가 동남아시아 전자상거래 시장을 사실상 평정한 것이다.

비스를 제공함으로써 전자상거래, 공유경제, 물류 등을 엮는 거대한 산업 생태계를 구축하고 자국 기업의 동남아 진출을 적극적으로 지원하고 있다.

★⁚ 제2의 중국 보너스 시대를 위하여

이처럼 차이나 플랫폼이 한국 경제의 리스크 요인으로 작용하고 있지만, 거꾸로 이를 잘 활용하면 제2의 중국 보너스 시대를 여는 기회의 관문이 될 수 있다. 저성장 국면에 접어든 한국 경제가 경제 패러다임을 전환하고 새로운 성장 동력을 발굴하기 위해서는 중국의 방대한 내수 시장이 반드시 필요하다. 경쟁력을 상실한 국내 주력산업들이 활력을 되찾고 수요 부족에 직면한 기업들이 숨통을 틀 수 있는 계기를 마련할 수 있기 때문이다. 특히 중국 내수 시장의 서비스화와 디지털 플랫폼의 확산이 동시에 진행된다는 점은 그간 거대한 유통 장벽에 막혀 고전했던 한국 기업들에게 새로운 진출 기회가 생길 수 있다는 것을 의미한다. 미·중 무역 전쟁과 코로나19 팬데믹 이후 글로벌 가치사슬이 재편되고 있는 점도 소비재 수출을 위한 플랫폼 공략의 당위성에 힘을 보탠다. 즉 중국 내수 시장 공략이 곧 차이나 플랫폼 공략이라고 해도 과언이 아닐 만큼 차이나 플랫폼에 주목해야 하는 시기라고 할 수 있다. 더욱이 중국의 디지털 플랫폼이 해외로 활발하게 뻗어나가고 있다는 점을 감안하면 한국의 제품과 콘텐츠가 차이나 플랫폼을 통해 중국을 포함한 동남아는 물론, 글로벌 시장으로 확장할 수 있다는 의미다.

그렇다면 관건은 차이나 플랫폼을 어떻게 효과적으로 공략할 것인가다. 차이나 플랫폼을 공략하기 위해서는 무엇보다 중국에 대한 철저한 분석과 이해가 선행되어야 한다. 앞에서 살펴봤듯이 현재 중국의 내수 시장과 디지털 플랫폼은 빠르게 변하고 있다. 스마트폰 보급과 밀레니얼 세대의 부상으로 전자상거래 시장의 중요성이 급격히 커졌다. 단순히 온라인 사이트에 상품을 올려놓는 것이 아니라 SNS를 활용해 마케팅과 판매를 진행하는 소셜커머스, 판매자가 직접 생방송으로 구매자와 소통하는 라이브 커머스 등 중국의 전자상거래 시장은 다양한 형태로 진화하고 있다. 최근 중국에서 왕홍경제가 주목받는 것도 이러한 유통 트렌드와 첨단기술이 결합하며 새로운 시장이 형성됐기 때문이다. 지역별로는 1, 2선 대도시의 바통을 이어받은 3선 이하 지방 도시의 성장세가 가파르다. 이들 3선 이하 지방 도시에는 중국 전체의 절반에 해당하는 6억 7,000만 명의 모바일 이용자가 있고, 이 중 35세 이하의 젊은 세대가 70%를 차지하고 있다. 기존 1, 2선 도시의 치열한 경쟁에서 밀려났던 기업들에게 새로운 성장 기회다.

한편, 온라인 성장세가 가파르다고 해서 오프라인이 마냥 쇠락의 길을 걷고 있는 것은 아니다. 도시화에 따른 소득 향상으로 소비 성향이 높은 3선 이하 도시에서는 오프라인 부문이 여전히 고성장세를 이어가며 중국 경제의 새로운 성장 동력으로 부상하고 있다. 또한 디지털 기술이 오프라인 매장과 시너지 효과를 창출하며 소비자의 매장 내 경험in-store experience 향상에 크게 기여하고 있다. QR코드 스캔을 통해 제품 정보를 확인하고 AR 기능을 활용해 가상으로 제품 체험을 할 수 있는 것이 대표적인 예다.

차이나 플랫폼을 공략하기 위해선 중국 소비자들에 대한 이해가 전제되어야 함은 말할 필요도 없다. 중국 소비자들은 맛집을 찾거나 배달을 시킬 때는 물론, 영화표나 호텔을 예약할 때도 메이퇀덴핑과 같은 O2O 생활 플랫폼을 사용한다. 또한 취향을 저격하는 브랜드에 열광하며, 구매 후기를 꼼꼼히 살펴보고 마음에 들면 자발적으로 SNS에 관련 정보를 공유한다. 중국에서는 아무리 음식이 맛있거나 목 좋은 곳에 가게가 있어도 디지털 플랫폼 상에서 검색되지 않으면 존재하지 않는 것과 마찬가지다.

중국 미디어 시장도 디지털 플랫폼 중심으로 빠르게 변하고 있다. 과거에는 미디어 시장이 정부 주도로 운영되다 보니 글로벌 미디어 산업의 트렌트에 뒤처졌지만, 이제는 기업들의 활발한 투자에 힘입어 급격한 속도로 성장 중이다. TV 등 유선 방송에서 동영상 스트리밍으로 본격적인 전환이 이루어지며 아이치이, 텐센트 비디오, 유쿠투도우优酷土豆 등 OTT 플랫폼의 영향력이 급격히 커지고 있다. 이에 따라 2015년 1,100만 명에 불과하던 아이치이의 유료 회원 수는 2019년 2분기에 1억 명을 돌파했다. 중국 미디어 산업의 주도권이 점차 OTT 시장으로 넘어오면서 2015년을 기점으로 동영상 플랫폼 업체의 콘텐츠 구매 가격이 TV 방송사의 구매 가격을 넘어섰으며,

2017년에는 동영상 플랫폼 업체의 콘텐츠 투자 규모가 TV 방송사보다 커졌다. 불과 2~3년 사이에 중국 미디어 산업의 패러다임이 바뀐 것이다.

이처럼 중국의 디지털 트랜스포메이션Digital Transformation이 가속화하며 플랫폼의 영향력이 확장되고 있다면 한국 역시 이러한 변화에 맞춰 대중국 전략을 바꿔야 한다. 알리바바의 티몰, 징동닷컴처럼 중국 전역을 망라하는 대형 전자상거래 플랫폼도 중요하지만, 제품별, 채널별, 브랜드별로 특화된 전문 플랫폼을 공략하는 것이 반드시 필요하다. 거대한 시장을 지닌 중국에는 패션, 식품, 유아용품 등 카테고리별로 세분화된 플랫폼이 발달해 있어 각각의 플랫폼에 적합한 브랜드·가격 전략을 구사해야 한다. 단적인 예로 중국 시장에 진출하려는 화장품 기업이라면 젊은 여성들에게 인기 있는 패션 뷰티 전문 플랫폼 샤오홍슈에 입점하는 것은 선택이 아닌 필수다. 브랜드 인지도와 자본력이 부족한 중소기업은 타오바오처럼 진입장벽이 낮은 플랫폼에 진출하거나 기존 입점 업체에 납품하면서 적응기를 거친 뒤 앞서 언급한 대형·전문 플랫폼에 입점하는 단계적 전략을 취할 수도 있다. 이러한 플랫폼 공략을 통해 중국 소비자들의 선호와 구매 행태를 감이 아닌 데이터로 파악하고 이를 신상품 개발과 마케팅에 적용한다면, 그제서야 중국이라는 거대한 디지털 플랫폼의 파도에 올라탈 준비를 한 셈이다.

만약 최근 중국에서 핫한 라이브 커머스 시장에 진출하고 싶다면 타오바오 즈보, 모구지에와 같은 플랫폼을 통해 제품을 포스팅하고 라이브 방송과 댓글로 소비자들과 직접 소통해야 한다. 이 과정에서 제품 홍보와 판매를 위해 왕홍을 활용하고자 한다면, 해당 왕홍이 제품의 컨셉과 맞는지, 비용 대비 효과는 어느 정도인지에 대해 면밀한 사전 검토가 필요하다. 또한 기존 1, 2선 도시를 넘어 3선 이하 도시를 공략하려면 소셜커머스 업체로 급부상하고 있는 핀둬둬 플랫폼이나 청두成都의 일본계 O2O 플랫폼 이토요카도伊藤洋华堂, 우한 후베이湖北의 우상왕武商网 등 지역 거점 플랫폼을 활용하는 것이 효과적이다. 특히 중국 최대 쇼핑 축제로 자리 잡은 광군제에서 브랜드와 제품을 각인시키는 것은 중국 시장 공략을 위한 지름길이다. 11월 11일 단 하루 동안 진행되는 광군제는 이제 국내 화장품 산업의 4분기 실적을 좌우할 만큼 중요한 행사가 됐다. 실제로 2019년 광군제에서 한국 기업들의 거래액은 화장품, 의류, 가전 등의 판매 호조로 전년 대비 73% 급증했고, 국가별 해외 직구 순위에서도 한국이 3위를 차지했다. 알리바바의 티몰 글로벌에서 100억 원 이상의 거래액을 기록한 한국 브랜드 수는 16개로 전년 대비 3배 가까이 증가했다. 더욱이 미국의 블랙프라이데이가 재고 떨이를 위한 대규모 할인 이벤트의 성격이 짙은 것과 대조적으로 중국의 광군제는 참여 기업들이 다음 해의 소비·유통 트렌드를 주도하기 위해 신상품을 출시하는 마케팅의 향연장이다. 광군제에서 좋은 성과를 올리고, 여기서 축적된 데이터를 바탕으로 소비자를 공략하는 기업이 다음 해에 성공을 거둘 가능성이 높은 이유다.

따라서 중국 시장에 진출해 새로운 성장 동력을 마련하고자 하는 국내 기업들은 상품 기획부터 마케팅, 판매, 사후관리에 이르는 모든 과정을 철저하게 중국 플랫폼의 특성을 고려해 재편할 필요가 있다. 중국 플랫폼 공략의 성공 여부가 중국 사업의 성패를 결정짓는다는 점을 인식하고, 전사적인 차원에서 노력을 기울여야 한다. 중국 내수 시장에 대한 이해도가 높고 플랫폼 경쟁력을 갖춘 기업과 합작해 중국 시장을 공략하는 방안도 적극 검토해야 한다. 특히 한국 본사가 아닌 현지 법인이 결정 권한을 갖게 하고 급변하는 시장상황에 유연하게 대응할 수 있는 구조를 갖추는 것이 무엇보다 중요하다. 중국 소비자의 눈높이에 맞출 수 있는 디지털 DNA로 재무장하기 위해선 이 방법밖에 없다. 중국 시장을 뚫을 수 있다는 자신감을 갖고 긴 안목으로 현지 인재를 키우지 않으면 최고급 인재들과 막강한 자본력으로 무장한 로컬 기업과의 경쟁에서 이길 수 없다. 예전에 비해 많이 개선됐다고 하지만 현지 법인 책임자가 영업 전략 수립과 직원 채용은 물론 매장 임대료 협상조차 본사의 허가를 받아야 하는 기업들이 여전히 적지 않다. 현지 법인이 결정 권한을 갖는다고 해서 중국 사업이 반드시 성공하는 것은 아니지만, 현장 상황을 모르는 본사가 전권을 쥔 기업은 예외 없이 중국 사업에서 실패했다는 사실을 명심할 필요가 있다.

'제2의 내수'로 불릴 만큼 중요성이 커진 중국인 관광객을 유치하기 위해서도 차이나 플랫폼 공략은 필수다. 비싼 임대료를 내는 목 좋은 오프라인 매장을 확보하는 것보다 중국인들이 많이 사용하는 플랫폼에서 얼마나 잘 노출되는지가 중국인 관광객 유치의 성패를 좌우하기 때문이다. 우리가 해외에 나갔을 때 익숙한 국내 어플을 많이 사용하는 것과 마찬가지다. 대표적인 앱으로 중국인들이 맛집 검색과 숙박 예약 등에 가장 많이 사용하는 메이퇀뎬핑을 들 수 있다. 메이퇀뎬핑은 중국뿐 아니라 글로벌 시장으로 사업 영역을 확장하고 있으며, 한국도 여기에 포함된다. 중국인 이용자가 메이퇀뎬핑 앱에서 지역 설정을 한국으로 하면 서울, 제주도, 부산 등 21개 도시 카테고리가 나오고, 해당 지역에 등록된 맛집, 카페, 의류 매장 등의 관련 정보(사진, 동영상)와 이용객 후기를 확인할 수 있다. 따라서 중국인 관광객을 유치하고자 한다면 메이퇀뎬핑 앱에 중국인들에게 어필할 수 있는 해당 가게의 제품 설명과 이미지를 게시하는 것은 기본이고, 좋은 평가가 쌓이도록 후기를 관리하는 동시에 중국인을 대상으로 한 맞춤형 광고를 게재하는 것이 무엇보다 중요하다. 중국인 관광객을 유치하려는 중앙 및 지방정부도 중국어 표지판과 교통·숙박시설 등 관광 인프라를 확충하는 것도 중요하지만, 온라인 여행사인 씨트립, 중국 최대 여행 정보 커뮤니티인 마펑워马蜂窝에 지역별, 주제별로 여행 상품을 홍보하는 것이 반드시 필요하다.

★ 한국도 예외가 아니다

차이나 플랫폼 공략에 실패하면 그 파급효과는 중국 내에만 그치는 것이 아니라 한국에도 적지 않은 영향을 미친다. 구글의 동영상 플랫폼인 유튜브가 국내 온라인 동영상 시장을 장악하고 있는 것에서 알 수 있듯이 플랫폼 비즈니스엔 국경이 없고 소비자들도 콘텐츠와 서비스 품질에 반응한다. 플랫폼에서 제공하는 서비스가 대부분 무료이기 때문에 이용자들은 취향에 맞는 콘텐츠를 쫓아 언제든지 다른 플랫폼으로 옮겨갈 수 있다. 특히 온라인과 디지털 문화에 익숙한 밀레니얼 세대는 해외 플랫폼 서비스에 대한 거부감이 없다. 거대 자본과 기술경쟁력을 갖춘 미국과 중국의 거대 IT 기업들이 검색엔진, 전자상거래, SNS, 동영상 등 플랫폼 비즈니스의 대부분을 석권하며 미·중 양강 체제를 굳히고 있는 것도 이 때문이다.

한국은 최근 몇 년 사이 플랫폼 제국으로 변모한 중국과 가장 인접해 있는 국가다. 이는 마치 중력의 법칙처럼 우리나라가 중국 플랫폼과 그 기저에 있는 디지털 소비문화에 끌려 들어가기 쉽다는 의미다. 중국의 플랫폼 기업들도 지리적으로 가깝고 IT 적응력이 높은 한국을 해외 진출 시 우선순위로 꼽는다. 실제로 국경절 연휴 기간 동안 전 세계 주요 상권 중 알리페이 결제가 가장 많이 이뤄지는 곳이 서울 명동이고, 틱톡은 한국인이 유튜브 다음으로 즐겨 사용하는 동영상 플랫폼으로 부상했다. 알리익스프레스나 타오바오을 통한 해외 직구가 빠르게 늘고 있는 것도 같은 맥락이다. 관세청에 따르면 우리나라 해외 직구 시장에서 중국의 점유율(반입 건수 기준)은 2016년 11%에서 2019년 상반기 33%로 급증하면서 미국에 이은 2위를 기록했다.

차이나 플랫폼의 위협을 차치하고서라도 국내 유통산업은 이미 심각한 위기에 직면해 있다. 경기 부진에 따른 실질소득 정체와 고용 부진으로 소비심리가 위축된 영향도 있지만, 무엇보다 쿠팡, G마켓 등 전자상거래 플랫폼이 고성장세를 거듭하며 유통 생태계를 뒤흔들고 있기 때문이다. 이들 업체들은 가격 및 배송 경쟁력을 앞세워 오프라인 유통시장을 빠르게 잠식해가고 있다. 전자상거래 시장이 활성화되기 전에는 가격 비교가 어려운 탓에 좋은 입지에 있는 오프라인 매장이 유리했지만, 지금은 스마트폰으로 실시간 가격 비교가 가능해지면서 대형마트의 유통마진이 줄어들고 물류 관련 비용 부담은 오히려 커졌다. 이에 국내 최대 대형마트인 이마트는 2019년 2분기에 창사 이래 처음으로 영업 적자를 기록한 데 이어 4분기에도 영업 적자를 기록하는 등 실적 부진이 지속되고 있다. 롯데쇼핑 역시 2019년 4분기에만 1조 원이 넘는 당기순손실을 기록하는 등 경영난이 악화하자 향후 3~5년 내에 백화점, 마트, 슈퍼 등 오프라인 매장 700여 개 중 200여 곳을 단계적으로 폐점하겠다는 계획을 밝혔다.

문제는 한국 오프라인 유통산업의 부진이 지속될 가능성이 높은 가운데 전자상거래 업체들의 사정도 좋지 않다는 점이다. 초저가와 당일 배송 전략으로 시장점유율을 높여가고 있지만, 치열한 경쟁과 저마진 구조에서 적자 폭이 확대되는 등 재무건전성이 악화하고 있다. 생산가능인구가 감소하고 소비 여력 또한 줄어드는 상황에서 성장 속도 둔화는 불가피하다. 지난 몇 년간 외형 성장에 집중해온 쿠팡의 경우 누적된 적자로 상장 또는 추가 투자 유치가 시급한 상황이다. 더욱이 이런 상황에서 국내 업체에 비해 압도적인 자본력과 가격경쟁력, 상품 데이터베이스 등을 지닌 중국 전자상거래 플랫폼이 한국 시장에 본격적으로 진출할 경우 국내 유통산업의 위기는 한층 심화할 가능성이 높다. 지금까지는 이마트를 비롯한 오프라인 유통업체가 쿠팡과 같은 국내 전자상거래 업체들에 고전했지만, 머지않아 알리바바와 같은 중국 전자상거래 플랫폼을 두려워하게 될 수도 있다.

좀 더 시야를 넓혀보면 플랫폼의 시대에 위기를 맞는 영역은 유통산업뿐만이 아니다. 한국은 제조업 강국이다. 주요국 대비 GDP 대비 제조업 비중이 높고 반도체, 디스플레이, 자동차, 석유화학, 조선, 철강 등 주력산업이 모두 제조업이다. 하지만 글로벌 저성장과 미·중 무역 전쟁으로 수출이 둔화하고 중국과의 경쟁도 치열해지면서 국내 제조업은 큰 위기를 맞고 있다. 반도체를 제외한 대부분의 업종은 고전을 면치 못하고 있고 제조업 고용과 가동률도 내리막길을 걷고 있다. 특히 자동차산업은 이러한 제조업 침체의 중심에 서 있다. 자동차산업은 국내 제조업 중 전후방 효과가 가장 크기 때문에 자동차가 흔들리면 그와 연관된 철강, 석유화학 등도 타격을 입을 수밖에 없다. 실제로 2019년 국내 자동차 업체들의 글로벌 판매량은 800만 대를 밑돌았고, 국내 자동차 생산량도 글로벌 금융위기 이후 처음으로 400만 대 이하로 떨어졌다. 글로벌 경기 부진으로 수요가 위축한 데다 차량 공유 플랫폼이 빠르게 확산하며 신차 수요를 대체했기 때문이다. 관련 연구에 따르면 운행 효율성 측면에서 공유 차량 1대가 개인소유 차량 10대와 유사한 효과를 낸다. 한국만 해도 젊은 세대를 중심으로 차를 소유하기보다 필요할 때마다 빌려 쓰는 수요가 크게 늘고 있다.* 이뿐만 아니라 전 세계적으로 환경 규제가 강화하면서 전기차 판매가 증가하고 있는데, 전기차 제작에 필요한 부품 수가 내연기관차의 3분의 1에 불과하다는 점을 고려하면 자동차 산업 전반의 대규모 구조조정이 불가피한 상황이다. 더욱이 우버, 디디추싱 등 플랫폼 기반의 테크 기업들이 미래 모빌리티 혁신을 주도하는 역할을 수행하면서 자동차산업의 헤게모니가 완성차업체에서 모빌리티 서비스업체로 빠르게 넘어가고 있다. 이렇게 되면 택시, 버스, 전동 킥, 자전거 등의 운송 수단을 연결해 경로 검색부터 예약, 결제까지 하나의 앱으로 해결하는 통합 모빌리티 플랫폼의 중요성이 더욱 커진다. 반면 기존 완성차업체는 이들 모빌리티 서비스업체에 하드웨어(자동차)를 제공하는 OEM 업체로 전락할 가능성이 높다.

국내 제조업의 위기는 글로벌 시가총액 순위 변화에서도 잘 나타난다. 2019년 말 기준으로 글로벌 플랫폼 혁명을 주도하는 아마존, 구글, 애플, 마이크로소프트, 알리바바, 텐센트 등은 시가총액 10위권 안에 포함된 반면, 국내 기업들 가운데 삼성전자와 SK하이닉스를 제외하면 시가총액 500위 안에 든 기업이 없다. 2010년 말에는 삼성전자, 현대차, 현대모비스, 포스코 등 8개 기업이 글로벌 시가총

* 국내 1위 카셰어링 업체인 쏘카의 회원 수는 2014년만 해도 50만 명에 불과했지만 2019년에는 580만 명으로 급증했다.

액 500위 안에 포함됐지만, 10여 년이 지난 지금 2개 기업으로 줄어든 것이다. 글로벌 산업구조가 제조업 중심에서 디지털 플랫폼 중심으로 재편되는 흐름에 한국 기업이 제대로 대응하지 못한 결과다.

★ 어떻게 돌파할 것인가

그렇다면 우리는 이러한 위기를 어떻게 돌파할 것인가? 플랫폼 경제가 확산되고 주요 플랫폼 업체 간 경쟁이 치열해진다는 것은 곧 플랫폼을 채울 콘텐츠에 대한 수요가 늘어난다는 것을 의미한다. 플랫폼의 경쟁력을 높이기 위해 차별화된 콘텐츠 확보가 중요한 과제로 떠오르면서 지금껏 플랫폼에 종속된 것으로 여겨졌던 콘텐츠가 독자적인 비즈니스 모델로 성장했다. 밀레니얼 세대가 이전 세대와 달리 디지털 콘텐츠와 같은 무형의 상품에 기꺼이 지갑을 연다는 점도 플러스 요인으로 작용했다. 실제로 최근 동영상, 음원 스트리밍, SNS 플랫폼이 급성장하면서 콘텐츠 산업 환경이 빠르게 변하고 있다. 이러한 변화에 힘입어 BTS로 대표되는 K-팝과 K-드라마, 웹툰* 등 한류 콘텐츠의 글로벌 위상이 한층 높아졌다. K-팝이 아시아를 넘어 세계로 뻗어나갈 수 있었던 배경에는 기획사의 체계적인 제작 시스

* 이미 존재하던 팝 음악에 한국 문화를 접목한 것을 K-팝이라고 명명한 것을 감안할 때 한국이 원산지인 웹툰은 'K-웹툰'이 아닌 '웹툰'이라고 명명하는 것이 타당하다.

템과 노래, 안무와 같은 퍼포먼스 경쟁력이 크게 작용했지만, 유튜브와 틱톡 등 디지털 플랫폼의 역할도 빼놓을 수 없다. 여기에 2020년 2월 아카데미 시상식에서 작품상 등 4관왕을 차지한 봉준호 감독의 〈기생충〉을 계기로 K-영화가 새롭게 주목받으며 한류 콘텐츠의 저변이 확장됐다. 이러한 상황에서 아이치이, 텐센트 비디오 등 중국 OTT 플랫폼이 확산된다는 것은 한류 콘텐츠의 가치를 한 단계 더 끌어올리는 호재다.

국내 콘텐츠 업계는 글로벌 OTT 플랫폼 간 경쟁이 치열해지고 경쟁력 있는 콘텐츠에 대한 수요가 늘어날 때 한류 콘텐츠의 몸값도 덩달아 오른다는 것을 이미 경험한 바 있다. 글로벌 최대 OTT 업체인 넷플릭스가 대표적이다. 북미 지역에서 가입자 증가세 둔화에 직면한 넷플릭스는 한국을 포함한 아시아 시장 공략을 위해 막대한 자금을 콘텐츠 제작에 쏟아붓고 있다. 영어권 콘텐츠로는 로컬성이 강한 아시아 지역에서 유의미한 점유율을 차지하기 어렵다고 판단하고 로컬 콘텐츠에 대한 투자를 크게 늘린 것이다. 특히 디즈니플러스, 애플TV플러스 등 신규 OTT 업체와의 경쟁이 치열해지면서 고품질 콘텐츠에 대한 수요가 더욱 커지고 있다. 이런 상황에서 글로벌 시장에서 상품성과 인지도를 확보한 한국의 콘텐츠는 넷플릭스가 반드시 확보해야 하는 핵심 자산이다. 한류 열풍과 함께 중국이나 일본의 콘텐츠에 비해 문화적 거부감이 적다는 것도 큰 장점이다. 이에 넷플릭스는 한국 오리지널 콘텐츠 제작을 확대하는 것을 넘어 기존 방송사의 콘텐츠를 대거 사들이는 등 공격적인 전략을 펼치고 있

한국 드라마의 중국 수출 판권가

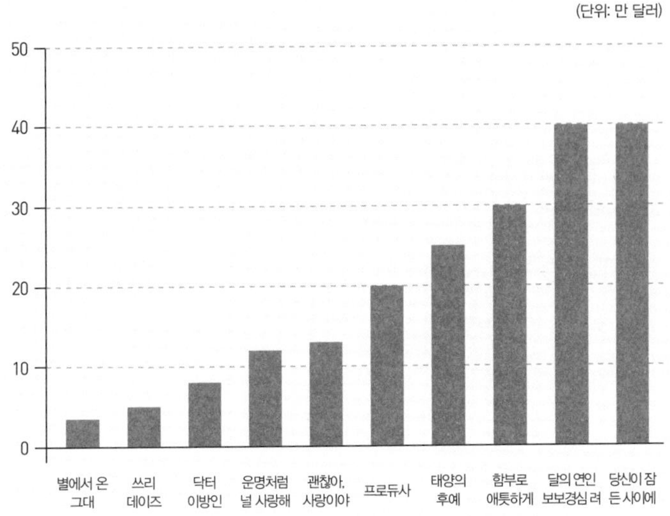

다. 이처럼 글로벌 OTT 시장이 확대되면 CJ ENM, 스튜디오드래곤, 제이콘텐트리 등 드라마·영화 제작 역량과 지식재산권을 보유한 콘텐츠 제작사들이 수혜를 입는다. OTT 업체 간 경쟁으로 판권 가격이 상승할 뿐 아니라 사전제작된 콘텐츠를 OTT 업체에 선판매하며 제작비의 상당 부분을 회수할 수 있기 때문이다. 2019년 11월에 넷플릭스가 스튜디오드래곤의 지분 4.99%를 사들이고 2020년부터 3년간 최소 21편의 오리지널 콘텐츠를 제공받기로 한 것도 이러한 맥락이다.

중국의 한한령限韩令•이 해제되고 중국향 콘텐츠 판권 수출이 본격화한다면 사드 사태 이전에 중국에서 불었던 한류 열풍이 재현되면서 국내 콘텐츠 산업에 활력이 돌 것으로 기대된다. 중국 OTT 업체들은 〈별에서 온 그대〉(2014년), 〈태양의 후예〉(2016년) 등 한류 드라마를 독점 방영해 큰 성공을 경험한 바 있다. 이후 경쟁적으로 한국 콘텐츠에 대한 투자를 확대했고, 이에 주요 드라마의 판권 가격도 가파르게 상승했다. 더구나 지금은 글로벌 OTT 업체 간 경쟁이 심화하고 5G 인프라가 확대되면서 당시에 비해 한국 콘텐츠의 가치가 더 높아진 상태다. 이를 고려할 때 중국 OTT 플랫폼 재진출은 한국 콘텐츠 산업에 매우 긍정적인 영향을 미칠 것으로 예상된다.

★ 차이나 이노베이션을 활용하라

플랫폼 비즈니스 세계에서 중국은 더 이상 모방의 주체가 아니라 모방의 대상이다. 과거 중국은 애플과 페이스북 등 미국 IT 기업들의 기술과 비즈니스 모델을 따라 하는 데 급급했으나 이제는 이들 기업들이 중국의 기술과 비즈니스 모델을 카피하고 있다. 이는 중국의 혁신이 세계적인 수준에 도달했음을 의미한다.

• 사드 배치 이후 중국 정부가 한류 콘텐츠 유통과 한국 연예인의 방송 출연 및 공연을 제한하는 조치다.

불과 10년 전만 해도 한발 앞선 기술력과 사업 아이템으로 중국을 내려다봤던 한국 기업 입장에서는 인정하고 싶지 않겠지만, 이는 엄연한 현실이다. 이제는 중국에서 검증된 혁신 기술과 서비스를 한국으로 들여와야 하는 시대가 됐다. 인공지능, QR코드 및 안면 인식 결제, SNS, 전자상거래, 신유통, 공유경제, 스마트 팩토리 등 한국이 모방해야 할 영역은 차고 넘친다. 국내 1위 배달 앱인 배달의민족이 메뉴판 없이 주문, 결제하는 '배민오더'를 출시한 것이나 롯데마트가 '주문 후 1시간 내 배송' 서비스를 도입한 것은 중국의 혁신을 모방한 일부 사례일 뿐이다. 특히 중국 IT 기업들은 혁신 기술을 시장의 필요에 맞게 커스터마이징Customizing하고 이를 통해 자금화monetization하는 데 매우 뛰어나다. 이는 우리가 반드시 배워야 할 부분이다. 과거 한국에서 잘된 비즈니스를 우리보다 뒤처진 중국 시장에 적용해 수익을 얻는 타임머신 투자가 유효했다면, 이제는 거꾸로 우리보다 앞선 중국의 성공 사례를 한국 시장에 적용해야 돈을 벌 수 있는 시대가 도래한 것이다.

이처럼 한국과 중국의 플랫폼 혁신이 격차를 보이는 상황에서 한국 기업들이 누릴 수 있는 기회 요인도 있다. 한국은 과도한 규제와 낮은 개방 수준으로 중국 IT 기업들이 직접 공략하기 어려운 시장이다. 즉 혁신기술과 새로운 비즈니스 모델로 무장한 중국 IT 기업의 한국 진출이 녹록지 않은 상황에서, 한국 기업들이 규제 장벽이 해소되는 속도에 맞춰 중국의 혁신 모델을 국내 시장에 적용한다면 사업의 성공 가능성을 높일 수 있다. 그뿐 아니라 시장 선점을 통해 향후 중국 IT 기업과의 경쟁에 대비가 가능하다.• 아무리 중국 IT 기업의 기술력과 비즈니스 모델이 우위에 있다고 하더라도 결국 한국에서는 시장을 잘 이해하고 있는 한국 기업이 유리한 고지를 차지할 수 있기 때문이다. 그리고 이를 통해 익힌 기술력과 서비스 경험을 바탕으로 IT 및 플랫폼 비즈니스 성장 잠재력이 높은 동남아를 비롯해 해외 시장에도 진출할 수 있다.

국내 IT 업계의 양대 산맥인 카카오와 네이버는 이 같은 전략을 잘 활용할 수 있는 대표적인 기업이다. 먼저 카카오는 텐센트와 마찬가지로 카카오톡이라는 국민 메신저를 기반으로 게임, 핀테크, 모빌리티, 쇼핑 등 다양한 영역에서 플랫폼 기업으로서의 입지를 다지고 있다. 특히 '카카오페이'를 출시함으로써 플랫폼 비즈니스의 핵심인 모바일결제 부문을 장악하고 공격적인 인수합병을 통해 사업 영역을 확장한 뒤 카카오톡을 구심점으로 사업 부문 간 연결고리를 강화하는 것은 텐센트의 사례에서 이미 검증된 성공 전략이다. 또한 B2C 부문에서 확보한 메가트래픽을 B2B 부문의 확장에 활용하는 순서와 방식도 텐센트와 대동소이하다. 더욱이 최근 카카오 광고 및 커머스가 포함된 톡비즈 부문이 핵심 성장 동력으로 자리 잡은 가운데 핀테크, 모빌리티 부문 등도 고성장세가 이어지며 카카오의 수익

• 물론 그렇다고 이를 핑계로 한국의 규제 개혁을 더 이상 늦춰서는 안 된다. 규제의 장벽으로 인해 국내 산업이 지켜지는 정正의 효과보다 글로벌 혁신 경쟁에서 뒤처지는 부負의 효과가 기하급수적으로 커지고 있기 때문이다.

성도 크게 개선되고 있다.

최근 네이버파이낸셜•을 통해 테크핀 부문에 뛰어든 네이버 역시 알리바바의 금융 자회사 앤트파이낸셜의 성장전략을 뒤따르고 있다. 알리바바가 앤트파이낸셜이라는 금융 플랫폼을 활용해 타오바오, 티몰 등과 구매자를 연결했던 것처럼 네이버 역시 네이버파이낸셜을 기반으로 네이버 쇼핑 플랫폼의 결제 데이터를 축적하고 이를 통해 네이버 쇼핑에서부터 스마트 스토어, 검색 광고로 이어지는 선순환 생태계를 구축하고 있다. 앤트파이낸셜이 결제 서비스를 넘어 종합 금융 플랫폼으로 성장한 것에서 알 수 있듯 앞으로 네이버가 네이버파이낸셜을 통해 증권, 보험, 대출, 투자상품 등 다양한 금융 서비스로 사업 영역을 확장하는 것은 정해진 미래라고 할 수 있다. 이런 점에서 텐센트와 알리바바가 카카오와 네이버의 미래를 보여준다고 해도 과언이 아니다. 또한 이들 중국 IT 기업의 성장단계를 참고해 한국 IT 기업에 주식투자를 하는 것도 유용한 투자전략이라고 할 수 있다.

네이버의 진화는 여기서 그치지 않는다. 국내 시장에서 플랫폼 경쟁력을 강화하는 동시에 해외 시장에도 적극적으로 진출하며 글로벌 플랫폼 기업으로 도약하기 위해 전사적인 노력을 기울이고 있다. 네이버의 자회사 라인이 소프트뱅크 자회사인 야후재팬과 경영

• 네이버의 사내 독립 기업CIC이었던 네이버페이가 2019년 11월 분사해 설립된 기업으로, 전략적 파트너인 미래에셋대우로부터 8,000억 원의 투자금을 유치했다.

네이버 라인과 소프트뱅크 야후재팬의 통합

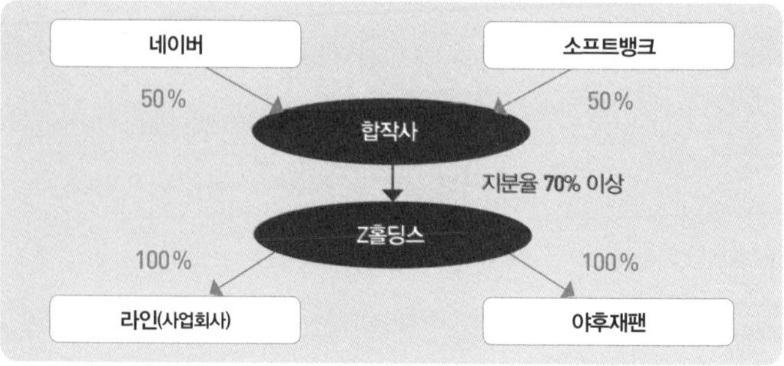

라인·야후재팬 통합법인

월간 순 이용자: 1억 명 이상
※해외 제외한 일본 기준

시가총액: 3~4조 엔(약 43조 원)

매출: 1조 2,000억~1조 3,000억 엔(약 14조 원)

주요 사업: 모바일 메신저, 포털, 간편결제, 인터넷 은행, 전자상거래, 웹툰 등

통합한 것이 대표적인 예다. 라인은 일본, 대만, 태국 내 메신저 1위 업체고, 야후재팬도 이용자 수가 5,000만 명이 넘는 일본 최대 포털이다. 양사의 결합만으로 최소 1억 명 이상의 이용자를 보유한 거대 디지털 플랫폼이 탄생하게 되는 것이다. 국가 간 경계가 사라진 플랫폼 비즈니스에서 협소한 내수 시장에 기반한 로컬 플랫폼으로는 살아남을 수 없다. 이에 라이벌이었던 두 기업은 연합전선을 구축해 검색, 메신저, 온라인쇼핑, 금융, 콘텐츠 등에 강점을 지닌 글로벌 플랫

폼으로 거듭나려는 것이다. 나아가 라인(네이버)과 야후재팬(소프트뱅크)의 AI 기술력을 총집결해 글로벌 플랫폼 기업에 맞설 수 있는 AI 테크 컴퍼니를 만들겠다는 구상이다.

특히 이번 통합을 계기로 글로벌 시장 공략을 위한 관문인 동남아 시장에서 알리바바, 텐센트 등 중국 IT 기업과 치열한 경쟁이 예상된다. 내수 시장 포화에 직면한 중국 IT 기업들이 사활을 걸고 진출하려는 동남아는 라인이 메신저, 웹툰, 음원 분야에서 높은 경쟁력을 갖춘 지역이기 때문이다. 여기에 소프트뱅크 역시 동남아 최대 차량 공유 업체인 그랩의 핵심 주주이며, 지분 투자 및 사업 제휴를 통해 동남아의 전자상거래와 금융 등에서 상당한 영향력이 있다. 막강한 자본력과 플랫폼 영향력을 갖춘 중국 IT 기업들에도 만만치 않은 경쟁자가 등장한 셈이다. 라인과 야후재팬의 동맹은 글로벌 플랫폼의 무한경쟁시대에 우리 기업들이 어떻게 위기를 돌파해야 할지를 보여주는 새로운 이정표라고 할 수 있다.

코로나19 사태와 디지털 빅브라더 등에 대한 우려로 중국 경제와 차이나 플랫폼에 대해 부정적인 인식이 커지고 있다. 충분히 이해되는 부분이다. 하지만 현재 중국에서 일어나고 있는 변화를 간과하고 편견에 사로잡힌 시선으로만 중국을 바라보는 것은 우리에게 아무런 도움이 되지 않는다. 한국이 저성장 구조에서 벗어나고 글로벌 혁신 경쟁에 뒤처지지 않기 위해선 중국의 혁신이 어떤 방향으로 진행되는지 명확히 파악하는 것은 물론 차이나 플랫폼을 어떻게 활용할 것인지에 대해서도 머리를 맞대고 해법을 모색해야 한다. 분명한 점은 미래 먹거리인 중국의 내수 시장을 공략하고, 콘텐츠 산업을 포함한 한국의 신성장 동력을 발굴하고 육성해내기 위해선 차이나 플랫폼이라는 거인의 어깨에 올라타야 한다는 것이다. 중국의 변화가 만들어낼 기회를 미리 내다보고 이에 대비하지 않으면 우리가 감당하게 될 손실이 너무나 크기 때문이다. 우리가 차이나 플랫폼에 주목해야 하는 이유다.

지금과 같은 기회를 최대한 활용하기 위해서는 혁신을 추구하는 기업가 정신과 함께 이를 제도적으로 뒷받침하는 정부의 노력이 어느 때보다 절실하다. 4차 산업혁명 시대에 첨단기술만큼이나 중요한 것이 제도이기 때문이다. 우리나라에선 글로벌 100대 유니콘의 비즈니스 모델 중 절반 이상이 불법일 정도로 혁신 산업은 규제의 덫에 걸려 있다. 모빌리티, 헬스케어, 공유경제 등 이미 많은 영역이 각종 규제에 발목 잡혀 성장의 골든타임을 놓칠 위기에 처해 있다. 단적인 예로 미래형 모빌리티 분야에서는 자율주행 관련 사업은 고사하고 기본적인 차량 호출 서비스조차 어려운 상황이다. 하루빨리 규제 개혁에 나서지 않으면 글로벌 혁신 경쟁에서 아예 밀려날 가능성이 크다. 내수 시장이 협소해 해외 시장 공략에 반드시 나서야 하는 상황에서 글로벌 혁신 트렌드에 뒤처지게 될 경우 한국 경제의 미래는 암울할 수밖에 없다. 낡은 규제 틀에 갇혀 혁신 기술과 새로운 비즈니스가 자리 잡지 못한다면 한국 경제는 갈라파고스화해 4차 산업혁명 시대의 주도권을 통째로 빼앗길 수 있다. 따라서 지금부터라도 혁신 산업 분야에 대해 사전 규제하는 포지티브 방식에서 사전 허용하고 사후 규제하는 네거티브 방식으로 패러다임을 전환해야 하며, 이것이 산업 일선에서 제대로 적용될 수 있도록 지속적으로 살펴야 한다. 또한 정부가 직접 시장에 뛰어들기보다 혁신기업들이 자유롭게 활동할 수 있는 비즈니스 환경을 만들어줘야 한다. 한국이 21세기 혁신 강국으로 거듭나기 위한 방법은 이것뿐이다.

차이나플랫폼이 온다

디지털 패권전쟁의 서막

초판 1쇄 발행 2020년 7월 6일
초판 3쇄 발행 2020년 12월 24일

지은이 윤재웅
펴낸이 성의현
펴낸곳 미래의창

편집주간 김성옥
책임편집 한미리
디자인 윤일란
마케팅 연상희 · 황현욱 · 김지훈 · 이보경

등록 제10-1962호(2000년 5월 3일)
주소 서울시 마포구 잔다리로 62-1 미래의창빌딩(서교동 376-15, 5층)
전화 02-338-5175 **팩스** 02-338-5140
ISBN 978-89-5989-664-6 03320

※ 책값은 뒤표지에 있습니다. 잘못된 책은 서점에서 바꿔 드립니다.

이 도서의 국립중앙도서관 출판예정도서목록(CIP)은 서지정보유통지원시스템 홈페이지(http://seoji.nl.go.kr)와 국가자료공동목록시스템(http://www.nl.go.kr/kolisnet)에서 이용하실 수 있습니다.(CIP제어번호: CIP2020025204)